裏金神

―原爆をこの世に送り出した神―

西郷武士

文芸社

「善と見えることが悪で、
悪と見えることが実は善であるぞよ。」
――『大本神諭』

裏金神——目次

裏金神—原爆をこの世に送り出した神—

●大本開祖ナオ

明治二十五年（一八九二）、節分の夜、丹波の綾部《あやべ》の町に住むひとりの老婆が、突然激しい神がかりに陥る。腹のなかに何かが宿った感じで、端座したまま身体が上下に揺れ、大きな声で叫ぶこと十三日余りに及んだ。そして、ついにその腹中の主は老婆の口を借り自分の素性を明かす。

「艮《うしとら》の金神であるぞよ」

その言葉をナオは信じかねると、その声の主は容赦なく続ける。

「この神は三千世界を立替え立直す神であるぞよ。三千世界一度に開く梅の花、艮の金神の世になりたぞよ。この神でなければ、世の立替えはできんぞよ」

この神は、三千世界の大洗濯を行い、万劫末代まで続く神の世にする、と告げた。

こうして、艮の金神という訳の分からぬものを腹に住ませるようになった老婆は当初、気が触れたように大声で叫んで歩く奇行が絶えなかった。この瞬間に戦前の日本で「大立替え」、「立直し」というスローガンで世の中をにぎわすことになる宗教団体、大本教の開祖・出口ナオが誕生した。

出口ナオ（写真提供：毎日新聞社）

出口ナオは天保の大飢饉のさなか、天保七年（一八三六）旧十二月十六日、丹波の国、福知山紺屋町で桐村五郎三郎の長女として生まれた。だが、ナオが生まれた年は、神から祝福を受けたというには悪過ぎる年であった。

折しも、天保四年から始まった天保の飢饉は、その前の年は風水害の被害により東北より関東が凶作となり、次の年には豊作であったが、前年の凶作のあおりで米価は高騰し、民衆の生活を圧迫させた。ナオの生まれた年は低温のうえ雨が多く、夏でも綿入れの着物をきるほどの寒さで、穀物が実らず、ついに全国的な飢饉となった。東北地方ではその被害はすさまじく、多数の餓死者と流亡者を出し、そのうえ全国各地で百姓一揆が起こっていた。そんな困窮を極めた時代の中でのナオの誕生である。こんな時期に生まれたナオが幸せだったわけがない。

それにもまして父五郎三郎は腕のいい大工ではあったが、放蕩が相次ぎナオが生まれたときには、もはや貧乏のどん底であった。酒乱の父にナオはけなげにもよく仕え、十歳のころには住みこみ奉公に出された。

働き者のナオは、店の主人にはよくかわいがられた。しかし、時々神隠しにでもあったように数日ゆくえが分からぬこともあったというから、ナオが後に演じた神がかりの素質は、もはやこの時期から開花していたのかもしれない。

年頃になり持ち家と田畑もあり財産的にも余裕のある出口家の養女となったナオは、政五郎を婿として迎え、平和な生活が待ち受けているかと思われたが、そうではなかった。大工として腕こそすぐれていた夫ではあったが、大の芝居好きで、芝居があるとなると仕事も放りなげて出かけるなどの浪費家であった。こんな夫のため出口家の財はかたむき、田畑は人手に渡り、生活はけっして楽ではなかった。

そして、肝心の夫は脳卒中で床に伏し、家業を継ぐべく見習い奉公に出していた長男、竹蔵は仕事のつらさからノミでのどをつき自殺未遂の末、行方不明となる。

長女の米《ヨネ》は農家に嫁いだが半年足らずで、博打打ちの大槻鹿蔵《おおつきしかぞう》のもとへ身を寄せ、この頃は料理屋を開いて裕福に暮らしていた。だが、正直でまじめなナオの怒りを買い、絶縁状態となっていた。二女のコトは貧しい家を嫌い長女の米を頼って家を飛び出し、三女ヒサは八木の人力車夫・福島寅之助に嫁いでいた。次男、清吉は奉公に出し、ナオは相変わらずの貧乏暮らしで、重労働のボロ買い、糸ひきで生計を支えていた。

明治二十年（一八八七）、政五郎が病死、五十一歳で未亡人となったナオには、幼い四女リヨウと五女のスミを抱えての生活は苦しかった。

そんな苦労続きのナオをさらに精神的に追いつめることが起こる。明治二十三年（一八九〇）九月、三女ヒサは産後の肥立ちが悪く、頭に血がのぼり暴れ出すので座敷牢に入れられた。その頃から、しばしばナオは神の幻影を見るようになっていた。

翌年、今度は長女、米が発狂する。米の暴れ方はとくにすさまじく、家の前に見物人がたつほどであった。気丈な性格のナオにすれば、この二人の娘の狂態に身の置き場もないほど悩み続けた。

明けて明治二十五年（一八九二）正月、ナオはしばしば神界に遊ぶ夢を見るようになり、そこには白い衣を着た高貴な神々がいた。

そして旧正月五日、新暦で節分に当たる日、ついにナオが神がかる。

ナオの突如としてあげる大声に、おどろく十二歳のリョウと十歳の末子のスミに向かってナオは威厳のある態度で次のように命じた。

「姉（米《ヨネ》）のところに行き、三十六回灯明をあげ、題目をとなえるように」

子供たちは訳も分からぬまま、米のもとに行き、事情を告げたが、夫の鹿蔵は何を分からぬことを言っている、とまじめに取り合わなかった。

ナオはこれ以後十三日に亘り断続して神がかった。神がかりになると体が重くなり、腹のなかに何かが宿ったようになり、正座したまま体が上下に揺れ、自分でも知らないうちに大きな声が出た。腹のなかのいきものは、ナオに水行《すいぎょう》を命じた。

言われるままナオは井戸端で水をかぶると、ついに腹のなかのいきものは問答するかのように、「艮《うしとら》の金神であるぞよ」と自分の正体を明かす。ナオはこの「艮の金神」の言葉を信じかね、タヌキかキツネが自分についてだましているのではと疑うと、この「艮の金神」は次のように答えた。

『キツネやタヌキではござらぬぞ。この神は三千世界を立替え、立直す神じゃぞよ。三千世界一度にひらく梅の花、艮の金神の世となりたぞよ。この神でなければ世の立替はできぬのじゃ。天理、金光、黒住、妙霊（妙霊教会で法華神道の地方宗教）、先走り。艮に艮《とどめ》の金神《うしとら》が現れて三千世界の大洗濯をいたすのじゃ。』

ナオについた「艮の金神」はついに出番となり、この世の立替えを行うと告げた。

●鬼門信仰（艮の金神について）

さて、ナオについたこの艮の金神とは果たしてどのような神なのか。金神とは陰陽道《おんみょうどう》系の祟り神で、古来その方角をおかすと『七殺の祟り』を受けると恐れられ、艮（丑寅《うしとら》、東北、鬼門）

と坤《ひつじさる》（未申《ひつじさる》、南西、裏鬼門）の方角は民衆の畏怖《いふ》の対象でもあった。古くは家を建てるとき、鬼門として艮の方角（東北）を嫌い、もしこの禁を犯して家の増改築などをすると、その家に災厄《さいやく》を及ぼす祟り神として忌み嫌われてきた民間信仰的な神であった。

例えば、金光教《こんこうきょう》の教祖、川手文治郎《かわてぶんじろう》はかつて俗人時代に家の増改築をするとき、この鬼門の禁忌を破り、そのために家族が続々と病死し、自分も危うく一命を落としかけた。だが、この神を祭ることで災厄を免れ、祟り神から人に幸福をもたらす神へと変わり、金光教の創設となった。

それだけに鬼門としての艮の金神に対する信仰は、すさまじかった。

余談ではあるが江戸幕府創立期の当初、影から幕政を牛耳《ぎゅうじ》った天海上人《てんかいしょうにん》は、当時易学に精通し、家康《いえやす》の信任厚く徳川家の顧問として歴史の裏舞台で家康・秀忠《ひでただ》・家光《いえみつ》の三代に亘って仕え、百十数歳まで生き続けたと伝えられる。彼は京都から鬼門に当たる方角に比叡山《ひえいざん》を建てたのにならい、江戸城から鬼門に当たる方角の上野に、将軍家の菩提寺として東叡山寛永寺《かんえいじ》を創建、鎮護の要《かなめ》とした。

そして、この鬼門の信仰から将軍家尾張藩、紀州藩、水戸藩（後に加わる）の御三家の制度を創るのにあたり、江戸からの鬼門、つまり東北の方角に水戸藩を当て、表鬼門の守りとして備え、裏鬼門には紀州藩を当てる。このとき、天海上人は一つの不気味な予言を残す。

「決して、水戸藩からは将軍を迎えてはならん。もし、どうしても迎えなければならないときは、副将軍の地位に甘んじさせるがよい。もし、水戸から将軍を迎えたとき、そのときには幕府は滅ぶ」

この天海上人の予言のため、名君と呼ばれた水戸光圀公《みつくにこう》が副将軍から将軍になれなかった理由も、実はここにあった。そして、この予言の正確さを裏付けるように、水戸藩からの最初で最後の将軍十五代慶喜の出現と共に、江戸幕府はその歴史の幕を閉じる。これを見ても鬼門信仰というものが、単に迷信ではなく、その力のすさまじさのために、当時から多くの人々によって信じられ恐れられていたのも頷ける。

さて、ナオのお筆先では、艮の金神は決して悪い神ではなく、三千年前にはこの世を治めていた尊い神であり、その神がいつしか多くの人たちによって祟り神として恐れられ、封じ込まれてしまった。そしてこの艮の金神は、自分の正体は「国常立命《くにとこたちのみこと》」であり、この世を再び善の世に戻すために、このナオの体を生宮としてついたのだと明かしている。

「国常立命」という神は日本の神話が書かれている『古事記《こじき》』に登場するが、余りにも謎が多い。まず、『古事記』の冒頭で天地が初めて開けたとき、高天原《たかまがはら》という神界に最初に誕生するのが、天之御中主神《あめのみなかぬしのかみ》、高御産巣日神《たかみむすびのかみ》、高産巣日神《かんむすびのかみ》、宇摩志阿斯訶備比古遅神《うましあしかびひこじのかみ》、天之常立神《あめのとこたちのかみ》の五柱の別天津神《ことあまつかみ》であり、次に誕生する神がこの国常立神である。

「次に成れる神の名は、国之常立神、次に豊雲野神《とよくもぬのかみ》。此の二柱の神も、亦、独神と成り坐して、身を隠したまいひき」

これだけの記述で、初期に誕生した重要な神にもかかわらず、空白の多い神なのだ。

ところで、後にナオの娘婿となる出口王仁三郎《おにさぶろう》は「この神は神界を統治していた大地のもとの神であり、律法を定め神々を従えていたが、余りにも厳しく律法を守るようにさせたため、部下の神々が騒ぎ出し、一番偉い天の神がこの事態をついに見かね、泣く泣くの思いで国常立命に隠遁を迫り、そのため妻神と共に地に落とされ、艮の金神と坤の金神となった」と説く。

そして、この国常立命の隠遁劇の晩がナオが神がかった節分の晩の日に当たり、よろずの神々がこの日を記念し、煎り豆をまいたのが節分の始まりであった。この艮の金神の復活するのが「煎り豆から芽が出るとき」とされ、その意味からこの神を永遠に封じ込めようとする呪い言葉にも思える。また神々たちは、この神を世に出さないため、正月に立てる門松はこの神の墓のしるしとし、その神のはらわたを叩き潰して雑煮として喰らい、二十日の日には骨正月《ほねしょうがつ》としてこの神の骨になぞらえて焼いて食べ、お盆にはからだの筋をソーメンにたとえて食べるなどして、徹底的にこの神の復活を嫌った。そして、今日まで年中行事を通して「鬼は外」と呪いの言葉を投げかけられ続けてきた。

こうして鬼門の金神と恐れられ、そのうえ、祟り神と呼ばれ忌み嫌われたこの神が、ナオを通じて復活を果たし、様々な予言をするようになる。

●お筆先による神示の取り次ぎ

十三日に及ぶ発動がおさまったナオの生活は、これを契機に一変した。ボロ買い、糸引きも今までのようにはうまくいかなくなり、次男清吉の奉公先の紙屋から紙を分けてもらい、近辺の村々に売り歩くのが、ナオの次の仕事となった。

だが、ナオは自分についた神の正体が何であるかという疑問を持ち続けた。ナオは三女ヒサが暴れた際、金光教の布教師の祈祷によってヒサの狂態がおさまったことから、金光教に入信していた縁で、まず福知山の金光教会を訪ねた。だが、その教会長はナオにつく神をタヌキつきとみなし、周囲にいる人も、結局ナオについている「艮の金神」の正体を理解できる人はいなかった。

一方二人の娘リョウ、スミは母の異様な言動に自立の道をせまられ、リョウは綾部へ奉公に、スミは福島ヒサの家に子守りに出かけた。

その年の六月、糸引きに亀岡に二ヵ月ばかり出かけた機会に、ナオは八木の金光教会や遠くは京都島原、大阪の難波の金光教会まで足を運ぶが、ついにナオについた神の正体は分からずじまいだった。

亀岡から帰ったナオは、ほどなく二度目の発動が始まり、その発動は十日に及んだ。ナオは陽が落ちると宵《よい》の間に一寝し、その後は起きて、神示のままに舞い、水行などをして夜通し眠らず神前で過ごした。

翌明治二十六年（一八九三）、正月から綾部の町では一つの騒動が沸き起こっていた。頻繁に続く不審火による火災の中、四月十九日ナオは再び神がかりとなり、近所を大声で口ぐせのように叫んで歩く。

「世界のことを見て、改心いたされよ。いまのうちに改心いたさねば、どこに飛び火いたそうかもしれんぞよ」

この「飛び火」という言葉に、ナオが放火の犯人だと思った近所の人間が警察に密告し、ナオは警察に連行されたが、ほどなく真犯人が分かり放免が決まった。しかし、狂った老婆を一人で帰すわけにもゆかず米の婿、大槻鹿蔵《おおつきしかぞう》が、座敷牢に入れることを条件にナオを引き取った。

原因不明の言葉を叫んで歩く老婆など、誰の関心もなかった。四十日にも及ぶ座敷牢の拘留生活の間ナオは食事もろくに与えられず、みるみるうちに衰弱していった。ときおり、心配したスミや三男の伝吉が鹿蔵の眼を盗んで食事の差し入れをするが、それでも満足な量ではない。

鹿蔵は、米の発狂ですっかり商売は左前となり、金に困り、ナオ亡き後、ナオの持ち家を売り払う腹だった。

一方、このまま大声を出してばかりいてはどうにもならぬから、どうにかしてくれと腹の底にいる神にナオは呼びかけるように哀願した。すると、神は牢内に落ちている釘を持てと命じた。釘を持つ手がなぜか不思議に動き、文盲のナオは何か字のようなものを柱に刻むようになった。

これが俗にいう自動書記の走りであり、これ以後ナオは座敷牢を出た後、「お筆先」と称し半紙に筆で神からの取次ぎを始める。この無学の老婆が書く独特の文体には神が書かせているとしか思えないふしがある。ある日、一人の信者がナオがお筆先を書いている光景を目撃する。灯り一つない暗い部屋で、ナオはまるで字が見えるかのように筆を走らせる。そして、それがきちんとした字になっていた。

お筆先を降ろしているときの状態をナオはこう語っている。

「暗いなかでも、紙の上に輝く線が見えるんですわ、それをなぞるようにして書くだけですわい」

こうして降ろされたお筆先の内容が、後に多くの民衆を立替え、立直しの渦に巻き込むのだが、当時文盲のナオに理解できるはずはなかった。

ともあれ、ナオは自分の持ち家の売却を条件として、四十日ぶりに座敷牢から解放された。鹿蔵はナオの身柄を自宅に引き取り、ナオの家屋はもとよりわずかな家財道具類も一切売り払い、あとに残ったのは使い古した石臼と三段重ねの盃だけでしかなかった。

ナオは、ヒサのもとに身を寄せ、四十日間の座敷牢での生活で衰えた体力が回復すると再びボロ買いに精を出すようになった。

そのうちにヒサだけが、ナオにつく金神の力に関心を抱くようになる。ナオに神がついたのを日頃から羨ましく思っていたヒサの友人のカナが自分にも神さまがつくようになるのはいつであるかと尋ねた。ナオは稲荷くらいならつくでしょうと答え、そのとおりカナには稲荷がかかるようになり、それで色々と伺いをして多くの信者を集めるようになっていた。

そのカナが、ヒサにナオについている神さまを見分けてくれると声をかけてきた。そのためヒサはナオを連れて、カナのもとを訪ねた。最初は威厳を保って荘厳な口調で答えているカナではあったが、ナオと目が合うと急に声がしどろもどろになり、今日は稲荷さまが急用ができたから、信者の皆さんは帰って下さいと言い出した。ヒサは無理してナオをわざわざ連れてきたのにと抗議すると、カナは稲荷さまは遠くに行ってしまったからと奥に引っ込もうとする。

そのとき、ナオはすっと立ち上がると、大声で一喝した。

「稲荷どん。下がらっしゃれい」

その声にカナは腰を抜かし、這いずって逃げてしまった。その光景を見た信者たちは度肝を抜かす。この事件を、ヒサは夫の寅之助《とらのすけ》に相談すると、さすがに寅之助もまじめにナオについている金神に関心を示した。

そして、寅之助は試しに動かなくなった自分の懐中時計を持ち出し、それがナオの祈願でたちまち動き出したのをみて、以後ナオにつく金神の支持者となった。

やがて買い出し先で病人がいると祈祷するナオからおかげをいただいた者の中に、ナオの艮の金神にひかれて信者になる者が少しずつ現れ出した。

そして、山家村の地主でマユの仲買人をしていた四方平蔵をはじめとする三十名余りの人たちが、ナオの金神に理解を示すようになる。

●日清戦争の予言

お筆先を降ろすことによって一旦おさまった筈の金神ではあったが、この年再びナオの口を借りて大声で叫んで歩く。

「来年は、唐《から》と日本の戦いがあるぞよ。この戦《いくさ》は勝ち戦、神が陰から経綸《しぐみ》いたしているぞよ」

唐とは、今の言葉では中国に当たる。当時の中国は、清という王朝がアジアで最大の国として君臨していた。イギリスとのアヘン戦争で、清は香港を租借地として取られ、そのうえ膨大な賠償金まで支払わされたが、それでも依然としてアジアでは眠れる獅子《しし》として隠然たる勢力を持っていた。その大国の清と小国の日本が戦争するなど、当時の人々には考えられなかった。

「おかしな婆《ばばあ》が何をわめている」

これを聞いた人々は一笑に付した。

明治二十七年旧五月八日には、「ナオよ、唐（中国）に行ってくだされよ」とのお筆先が降ろされた。この神示を実行するためナオは、とりあえず五円の旅費を工面して、そのまま八木の三女福島ヒサの家に行き、三十日間に亘り滞在する。そして、トキという女性がナオと共に同行し、唐に向かうことになった。二人とも唐がどこにあるかという地理的な感覚すら持ち合わせていないまま、旧六月八日に出発し、途中京都の河原町天理教教会で自分についている艮の金神を鑑定してもらったが、天狗と言われ、ナオにつく神は激しい神がかりを起こし、教会を後にした。

その後、「神はもうよい。唐には行かんでもよい」と神示が出て、ナオの中国行きは立ち消えとなった。しかし、ナオが神命により八木の福島ヒサの家に行った日には、東学党指導の農民暴動鎮圧のために出兵した清国に対抗して、明治政府が混成一個師団を派兵させており、戦争は避けられない事態となっていた。

六月一日、日本の派兵部隊は仁川に上陸し、八月一日には清国に宣戦布告し、日清戦争の火ぶたが切られた。後に大本には世界の先駆けの型が出るとお筆先で示しているが、日清戦争の型の走りを実演していたのが、ナオの唐行きの旅行の型であった。この型については後ほど詳しく触れるとしよう。

ナオの予言のとおり明治二十七年、日清戦争が起こると、周囲の目も変わり始める。そして、このお筆先により多くの人々がこの立替え、立直しの魅力に引かれ、ぼつぼつとナオの周りに集まり始めた。

ナオが昇天するまでの二十七年間の間に書き続けたお筆先の量は、半紙十万枚という膨大なものであり、日本の民衆に大きな波紋を投げかけることになる。そうして、この神は徐々に本当の姿を現し始めた。

しかし、この艮の金神の正体は、この時点ではまだナオ自身にも分かってはいなかった。明治二十七年（一八九四）十月、隣町の亀岡にある金光教会をナオは訪れた。

●金光教会との対立

教会長は、不思議な婆さんといわれたナオの来訪を喜び、綾部に布教師を派遣し、ナオの神の信奉者の手前も考え、金光大神と艮の金神を合祀する形で綾部に新教会を設立した。ナオのお伺いによって次第に信者も増え、ナオへの信奉も高まってくる。

ところがそれが、徐々に教会長のカンにさわり始め、降下される神示をナオ自身は読むことができず、教会長にお筆先を信者に読んで欲しいとナオが頼み込んでも、教会長はこれに取り合わず、逆にこのお筆先を隠すなどの妨害に出た。

明治二十八年（一八九五）四月、ナオの予言のとおり、日清戦争は日本の大勝利によって幕を閉じた。下関講和条約の締結で、清国は朝鮮の独立を認め、日本に対し遼東半島、台湾の譲歩と賠償金二億両を支払うこととなった。

だが、旧六月になるとナオにつく神は、次なる大戦争として「こんどは露国から始まりて大いくさがあると申してあろうがな」と、来るべき日露戦争の予言も示す。この予言のとおり、ロシアはフランス、ドイツとの三国干渉により、日本軍が獲得した遼東半島の返還を要求し、日本政府は列強の外圧の前に煮え湯をのまされるような思いで返還を余儀なくされた。

国民の怒りは、そのまま次の仮想敵国ロシアへと向けられた。一方のロシアは日本が中国に返還した遼東半島を三年後の明治三十一年（一八九八）には、大連地区と共に清国から租借し、東清鉄道の支線を建設し、旅順をロシアの極東艦隊の基地とし、南下の野望をあらわにした。事態は、日本対ロシアという構図で戦争は避けられない状況に陥る。

明治二十八年六月、会長の態度に愛想をつかしたナオは、教会を飛び出し、九月には福知山の金光教会に身を寄せて、ほそぼそと生活していた。だが、この年の五月に日本領として併合した台湾で、土着民の反乱を鎮圧するために出兵していた次男清吉の戦死の報が届き、ナオは深い悲しみに襲われた。

だが、筆先には清吉は「死んでおらんぞよ」と示され、まさかの誤報ではとの期待もあったが、ナオのもとに届けられた遺骨が冷酷にも、清吉の死を告げた。

この清吉の死については、後に大本教団内部で様々な波紋を投げかけることとなる。清吉はお筆先では、「日の出の神」と示され、神の理想郷をこの地上に到来させる神であり、この神の出現こそが、大本の教義の中では重要な位置を占めていた。

清吉の死後、翌年の三月までナオは福知山教会にとどまっていたが、この教会長もついにナオについている艮の金神については理解できなかった。

再び綾部に帰っていたナオは、四月の綾部教会の大祭に参加した際、かつて合祀していた艮の金神が祭壇から取り外されていることを教会長に指摘し、これをたしなめたが、教会長の態度はあらためられず、ナオは教会に寄りつこうとしなかった。すると、ナオのいない教会など用はなしと、信者も全然寄りつこうとせず、ついに教会長は夜逃げしてしまった。

七月、教会長のいない教会で、今度こそは妨害されずに艮の金神の教えを布教できると考えていたナオに対して、警察当局は金光教の布教師の不在の教会では布教の許可はならぬと、しばしば干渉に出た。そんな矢先に新たに足立正信《あだちまさのぶ》が教会長として派遣されたので、表面上は金光教でやっていくという形でナオも承諾した。

だが、新たな教会長も当初の約束を守らず、激しい対立がナオとの間に続く。

ナオが、初めに朝夕礼拝していた神々は、艮の金神（国常立尊）・金勝要の神《きんかつかねのかみ》（須世理姫）・竜宮の乙姫（玉依姫命）・雨の神・風の神・岩の神・荒の神・地震の神・残らずの金神（よろずの金神）・産土《うぶすな》の熊野神社の神を祭っていた。

明治三十年四月、お筆先を粗末にする教会長に対して、ナオは裏町の空き家で艮の金神を祭る場所をささやかながら始め、独自の広前を持つことができたが、非公認のため警察当局からの干渉が絶えなかった。

この年の旧六月、「なおの力になるおん方をいちど引きよして、なにごともたずねて下されよ。だいぶ大もう（大事なこと）であるから、力になる人は、こしらえてあるぞよ。この広前は、なかなかむつかしき広前であるぞよ。まだおさまらぬぞよ。これでも結構にいたすぞよ。この広前は正真の者がでてこな、おさまらぬぞよ。取次はなんぼでも要るから、まことの者を引きよして、神のご用につかうぞよ。」と示されたお筆先を信者に読み上げてもらい、ナオは、この神を見分ける人は、東からやって来るというお筆先を信じて待ち続けることにした。ナオが神がかりになってから、早五年余りだが、ナオについている神を見分けてくれる「まことの者」は、翌年まで現れなかった。

●まことの人の登場

明治三十一年六月、ナオの三女福島ヒサは、船井郡の入り口の虎天堰《とらてんいね》（井根）で一軒の茶屋を営んでいた。そこへ一人の異様な出で立ちの男が店に腰を落ちつけた。仁羽織を着て、手にはコウモリ傘とバスケットを持ち、口はお歯黒を塗りたくっているその風体はどことなく変わっていた。ヒサが興味を覚え、話しかけると男は神さまを見分ける仕事をしていると答えた。ヒサはその言葉に身を乗り出し、ナオが書き記したお筆先を二、三枚その男に差し出した。男は、このお筆先の「うしとらのこんじん」に興味を覚え、ナオと対面することを約束して、その場を立ち去った。

この男こそがナオのお筆先に示された「まことの者」、上田喜三郎である。

明治四年（一八七一）八月二十二日、丹波の国、亀岡の穴太村で貧農の家で婿に迎えた吉松と一緒になった上田ヨネは、一人の男の子を産み落とした。この子が喜三郎《きさぶろう》である。七ヵ月という早産にしてはまるまると太った玉のような子に上田家は沸いた。

喜三郎は、後に陶芸、書、画家としても才能を発揮するが、その血は喜三郎から数えて、七代前の先祖が画家として名高い円山応挙《まるやまおうきょ》の家系であった。円山応挙の絵の下書きは上田家に代々保管され、後に火事で家が焼けるまで残っていた。しかし、いくら七代前が名家であったとしても、裕福だった上田家は祖父の吉松が博打に精を出し財産を食い潰し、喜三郎が生まれたときには小作人の極貧の農家に落ちぶれていた。

吉松はこの家の財をなくするのが自分の使命であるかのように、日夜サイコロを放り続け、死ぬまでサイコロを離さなかった。そして、「この上田家は業が深い、その業を消すために、一旦家屋敷の財をなくさなければ、この家はいい芽が出ない。わしが一日博打を止めると、産社《うぶすな》の神さまが夢枕に現れ、なぜ博打をせぬと催促される」、といつも口癖のように呟いていた。

こんな祖父ではあったが、喜三郎が誕生して半年後に不気味な遺言を遺して他界した。

「上田家は七代毎に偉人が現れ、世に名を残す。喜三郎は、かの円山応挙から数えて丁度七代目に当たる。この子は必ず何かの形でこの世に名を残すであろう」

この遺言のとおりに喜三郎は、後に天下に良しに付け悪しきに付け名を残すこととなる。

喜三郎は、寺参りのとき、無病息災を祈祷して付けたウルシがかぶれ、寝込んでしまい、二年遅れて学校に入学した。この病弱で寝込む喜三郎を不憫《ふびん》に思う祖母ウノは父、中村孝道《なかむらこうどう》が大成した言霊学《ことだまがく》を伝授する。この言霊学を九歳から叩き込まれた喜三郎は、後に風雨を自在に操り、常人を驚かせるだけの能力を発揮した。言霊学というと、聞き慣れない言葉だが、簡単に説明すると言葉そのものには力があり、その力を最大に発揮する学問である。

ともあれ、常人と異なる学問を伝授された喜三郎は、二年遅れの進級を物ともせず、めきめきと凡人と違う才能を発揮し始める。成績は抜群で、学校の図書館にある本はすべて読破し、当時文盲の多い穴太の村で、新聞を人に頼まれて読んで聞かせるほどであった。

確かに、円山応挙の血により喜三郎の芸術的な面での才能も高いが、この言霊学の影響により、後に日本を舞台とした言霊学の火と水の仕組みで、経綸を展開していくことは誰も予想だにしてはいなかった。

さて、喜三郎に影響を与えたもう一人の人物がいる。成人時代、喜三郎は、中村孝道の言霊学の継承者、大石凝真素美《おおいしごりますみ》と出会い、以前に増してその言霊学を大成していく。大石凝真素美の素という字は、「ス」という言霊から命名している。大石凝はこの「ス」という発音は、すべての言霊の凝縮した形であると説いた。

大石凝が著した『大日本言霊学』の中では、「ス」とは即ち、口で発音するとき、舌を一点に集め出す音である。この「ス」こそが宇宙そのものの姿、口の形の○に、舌を一点にすぼめた丶を示し、この⦿こそが「ス」の形であり、すべての言霊を凝縮したものであるとした。

後年、喜三郎が口述した『霊界物語』の一番の聖典とも云われる「天祥地瑞」の巻では、この大石凝の思想が色濃く反映している。それを見ても、喜三郎の言霊学の大成はスの言霊を重要視しているのが分かる。そして、この⦿は後に喜三郎が発展させた大本教から分派した多くの新宗教教団でも根元的な神として捉えられ、思想的に⦿の与えた影響は多大なものがあった。

言霊学の大成者でもあった大石凝は、一方では予言者でもあった。明治二十二年、伊勢の皇太神宮と完成したばかりの国会議事堂の炎上を予言、事実議事堂は明治二十四年に、神宮は三十一年に炎上している。

だが、大石凝の予言はそれだけでは終わらなかった。この国会議事堂の炎上と、神宮の炎上は日本が外国の軍隊によって蹂躙されることの現れだと言い放った。大石凝はかつて神宮が炎上したのは天保元年であり、この火事では末社は焼けたが、本殿は焼けなかった。これは江戸幕府の崩壊を示したものであり、今度の火事では本殿までも焼けた、これは日本の崩壊の前兆を示すものであると説いた。

中村孝道の言霊学を修めた喜三郎は、その霊能に磨きをかけるべく、本田親徳《ほんだちかあつ》が大成した鎮《ちん》魂帰神学《こんきしんがく》をも学んでいた。鎮魂帰神学は本田親徳が多年に亘る全国行脚の末大成したもので、天然の岩笛を吹き鳴らし人為的に神がかり状態にする霊学である。そして、単に神がかりになってても果たしてその人についている神がどのような神であるかを見分ける審神学《さにわがく》をも体系づけていた。

親徳亡き後、静岡県の清水市の月見里《やまなし》神社にいる門人長沢雄楯《ながさわかつたて》が本田霊学を引き継いでいた。明治三十一年、喜三郎は長沢を訪れ、その霊能の高さを評価され、喜三郎についているのは「小松林《こまつばやし》」という高級神であると審神される。そして、集中的に長沢の持つ知識をすべて伝授されている。このとき、二十七歳になる喜三郎は、この行法を完全に身に付けていた。

そして、その帰路の列車の中で、中村孝道の言霊学を継承した大石凝真素美と同席になり、ついに喜三郎は独自の言霊学を大成する。

中村孝道と大石凝真素美の言霊学を身に付け、そして本田霊学の鎮魂帰神の行法を修めた喜三郎は、独自の宗教を展開すべく模索していた。当時、どこかの公認宗教結社に所属していないと、布教活動は自由にならない時代の中、喜三郎はこのとき長沢雄楯の率いる稲荷講社に所属して、独自の布教を続けていた。

さて、中村孝道と大石凝真素美の言霊学をミックスして大成させた喜三郎は、後に王仁三郎《おにさぶろう》と改名するが、この言霊の威力を周りの人に見せたことがある。

王仁三郎の常人を逸した言霊の威力を示す逸話がある。ある食事に招かれた席で、王仁三郎が縁側で休んでいると、中の一人がこう頼み込んだ。

「聖師（王仁三郎の尊称）さん、なんでも聖師さんは雨を降らせることができるといいますが、一つ我々にも見せてもらえませんか」

「いやいや、風雨を私ごとで勝手に操るなど、神さまに申し訳ないですから…」

そう言って最初断っていた王仁三郎だが、ついその頼みを断れず、とうとう始めることになった。その日は夏の蒸し暑い風一つない天気だった。

「ほな、まず風呼びましょうか、風の神、風吹け」

すると今まで風一つなかったはずの天候が、次第にそよそよと風が吹き始め、最後には強い風が吹き始めた。

「では、これでいいでっしゃろう。次は雨を降らせましょう。水の神、雨降らせ」

王仁三郎の言葉のとおり、今度は次第にポタポタと雨が降り始め、最後には土砂降りの雨となった。

「ほな、この辺でよろしいでしょう。風の神、風やめ。水の神、雨やめ」

王仁三郎がその言葉を放つと同時に風も雨も一瞬にしてやんだ。それを見ていた一同は、ただ呆然と眺めていた。

王仁三郎が自在に言霊によって操った威力こそが、超人としての彼自身の完成でもあった。

●高熊山での修業

言霊学、鎮魂帰神学に精通していた喜三郎が、実はオカルト的な色彩を一層帯びるのは、ナオと出会う前の明治三十一年（一八九八）の二月のこと。二十七歳になる喜三郎は地元で一端《いっぱし》の任侠《にんきょう》ヤクザを気どっていたが、地元のヤクザの袋叩きに遭い、半殺しの目に遭い寝込んでいた。このとき、喜三郎はまともな生活を送っていないことを母のヨネと祖母のウノから嘆かれ、初めて親の子を思う心に改心の意を見せた。また、喜三郎が有栖川宮熾仁親王《ありすがわのみやたるひとしんのう》の子であるという出生の秘密を明かされ、衝撃を受けた。この出生については後章で述べる。

そして、二人が去った後、喜三郎は半死の状態の体に清々しい力が込み上げてくるのを感じた。起き上がって小机に向かい墨をする喜三郎は筆を一気に走らせる。

「天地大本大御神」

ハッと我に帰った喜三郎は、自分が床の間の白壁に書き上げた字の意味を一瞬にして知り、その字の前に平伏した。そして、自分の名前を呼び上げる声に顔を上げると、そこには洋服姿の男が立っていた。

「わたしは芙蓉山《ふようざん》(富士山の別称)の木花咲耶姫命《このはなさくやひめのみこと》の使いで、松岡である。今よりお前を芙蓉山に連れていく」

喜三郎が頷くと、松岡は布のようなものを喜三郎に被せた。いつしか喜三郎の意識が遠のいていくのを感じた。

この日喜三郎は突如家から姿を消し、村では神隠しにあったと大騒ぎになった。一方、行方をくらました喜三郎は気が付くと、行き先は富士山ではなく、近くの高熊山という山の洞窟で端座を組み、神界に霊身によって交流していた。その体験を後に『霊界物語』として口述している。一週間後やっと姿を見せた喜三郎は、それ以後、神人合一の域に達し、三千世界を通眼する領域に達したという。

この高熊山での体験の結果から通眼力を強め、オカルト的な面をますます強くしていった。異界との接触、これによって喜三郎は大本教という教団の中で、独自の霊学を大成してゆくのだが、前述した雛形の思想も喜三郎によってますます顕著なものとなっている。

●ナオと王仁三郎との出会い

「まことの人」としてお筆先にしるされていた喜三郎は、ついに十月八日（旧八月二十三日）、綾部の裏町でナオと対面した。しかし、ナオの目にはこのとき、建前上稲荷講社に属している喜三郎は単なる稲荷下ろしの類としてしか映らなかった。そのため、ナオは喜三郎に対して好意的な態度を取れなかった。

その夜、ナオのもとに泊まった喜三郎は、次の日は病気直しに出掛けたりし、その夜もナオのもとに泊まった。そのとき、ナオは喜三郎に三枚の半紙に書いたお筆先を渡す。文盲のナオには何を記しているのか分からなかったが、その文意は喜三郎に神はこの神を表に出して欲しいと告げられていた。

しかし、喜三郎はナオの真意もつかめぬ上に、足立金光教会長が喜三郎を警戒し、周囲の信者に盛んに金光教会を乗っ取りに来たと喧伝したこともあり、時期はまだ早しと判断し、滞在三日間で綾部を立ち去った。しかし、喜三郎はナオについている「うしとらのこんじん」に興味を覚えた。喜三郎の霊眼には大抵の霊能者のついているのは狐や狸などの低級霊が多いのだが、ナオについている神の正体はとうとう分からなかった。

喜三郎が姿を消して、四日目の旧二十七日の筆先では、「お直《ナオ》の側へは、正真《しょうまつ》のお方がおいであそばすから、来た人をそまつなあしらい致《いた》すではないぞよ。お直はいたさねども、足立どのは男子のことでもあるし、我も出るし、いまでは分からねども、もうすぐになにごとも分かるぞよ」と喜三郎を「正真のお方」と示していた。そして翌々日には「あのおん方は、この方が引き寄したのざぞよ」と、ナオの迷いを吹き払うかのように繰り返して示された。

一方の喜三郎は、綾部の隣の園部で『霊学会』の名称で独自の活動を続け、病気直しにより徐々に共鳴者を増やしていたが、明治三十二年二月、意を決した喜三郎はナオのもとに手紙を送り、いよいよ時節が到来したことを告げた。すると、ナオは返書としてお筆先を同封し、「よろしくたのむ」と結ばれていた文意のものが喜三郎に届けられた。

ナオは、集会を行うたびごとの警察の干渉により、この神の教えを広めることができぬいらだちがあった。そのうえ、教会長の妨害にも困り果てていた。

その年の七月ナオの信望者の一人である四方平蔵の迎えに従い、喜三郎は綾部に入った。時に、七月三日（旧五月二十六日）、喜三郎二十七歳、ナオ六十二歳のことであった。

喜三郎は、自分の所属している稲荷講社の名を借りて、独自の教会を起こすために、公認の手続きを踏まえた。金光教の金の一字と日の大神と月の大神の日と月を横に合わせ『金明会』の名のもとに結社とし、ナオを教祖に喜三郎を会長として金光教会から独立し、七月十日に遷座祭を行った。
このとき、一つのハプニングが起こる。ナオは、綾部教会と別の広前を用意したときから、自分の旧領主の九鬼家の家紋を神紋として使用していたが、この遷座祭に用意された提灯は指定の九曜紋ではなく、一つ丸の多い十曜紋に仕上がっていた。これに幹部の連中は当惑したが、幹部たちに対して、ナオはこれも神さまから示されていますと、このとき降ろしたお筆先を見せた。

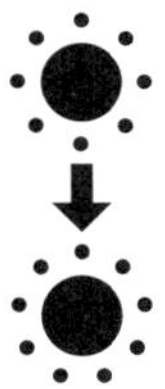

「上田喜三郎《うえだきさぶろう》どの、よう大《たい》もうなご用《よう》をしてくださりたぞよ。そなたが綾部《あやべ》へまいりたのは、神《かみ》の仕組《しくみ》がいたしてあること、なにごとがでけるのも、みな天《てん》であらためがいたしてあることであるぞよ。九曜《くよう》の紋《もん》を一《ひと》つ増加《ふや》したのは、都合《つごう》のあることであるぞよ。いまは言《い》われぬ。このこと成就《じょうじゅ》いたしたら、おん礼《れい》に結構《けっこう》をいたすぞよ。（以下略）」

（明治三十二年旧六月）

続いて、この後のお筆先の内容も喜三郎がナオのもとに来たことをまことの人として示していた。

実は、この九曜紋に一つ加えた十曜紋の事件は、王仁三郎を「一」とすると後に意外な真相が浮び上がってくるのである。九曜紋の「九」とは、即ち後に触れる九分九厘の仕組みであり、一つ加えての十曜紋とは一厘の仕組みを含んでいたのである。

●九鬼《くかみ》家との因縁

神紋に九曜紋をナオが使用した理由とは、旧綾部の領主九鬼家への思慕から使用していたのであろう。後に綾部の聖地となる本宮山《ほんぐうさん》には、かつては九鬼家の邸宅があった。

この九鬼家は、織田信長に召し抱えられ、当時最強と云われた毛利水軍を圧倒的な勝利で破った九鬼水軍としても名高い鳥羽の城主九鬼大隅守嘉隆を始祖とする。信長に召し抱えられる前の先祖の家柄は、紀州熊野宮の別当職であったが、本能寺の変で信長が倒れると、豊臣秀吉側につき、全盛時代には、伊勢鳥羽一帯を領するまで栄えた。

九曜紋

然るに関ヶ原の合戦では西軍豊臣方に加担、東軍の勝利のため、その責任を負った九鬼嘉隆《よしたか》は切腹し、子孫は丹波綾部に移封された。

この九鬼家には、二つの系流があり、一つが大本が拠点を持った丹波綾部の九鬼家、そしてもう一方は、摂津三田《さんだ》の九鬼家。そして、この丹波綾部の九鬼家の家紋は三ツ巴紋であったとも、また実は九曜紋でもあったという。一方、摂津三田家の方は七曜星となっている。

先祖を遡ると七曜紋が本当の家紋であったと思われるが、この摂津三田家の七曜星の家紋を遡ると破軍星《はぐんせい》、和名では菱剣星であったという。つまり、九鬼家は摂津三田家も丹波綾部家も本来最強と云われた村上水軍を祖としていたのである。この菱剣星（破軍星）とは、そもそも陰陽道では、金神が破軍星の剣先に位していると見なされ、この剣先に向かって戦うものは必ず破れると信じられた。

九鬼家の家紋をナオについた艮の金神の神紋としたのも深い霊的因縁があったことが分かる。

また「九鬼家との因縁が分かると、どえらいことになるぞよ、あいた口が塞がらんぞよ」とお筆先にあり、明治三十四年二月二十四日のお筆先にも『九鬼大隅《おおすみ》の守《もり》九つの鬼の首九つを九曜の紋、九つが十曜に開いてしほれん花の咲く大本であるから、ちとむつかしきぞよ』とある。

そして、九鬼家には『九鬼文書』という古史古伝の文書が伝わり、『宇志採羅根神《うしとらこんじん》』を祭神としていることからも大本との霊的な関わりが分かる。後に喜三郎が降ろした神示『伊都能売《いずのめ》神諭《しんゆ》』、大正八年七月十二日付けでは、「本宮山の御宮が建ち了りたら、九鬼大隅守の深い因縁が判りて来て、艮の金神の経綸が判りて来るから、そう成りたら、夜が明けて日の出の守護と相成りて、五百六十七《みろく》の神代が天晴れ成就いたすぞよ」とあり、九鬼家と大本の関わりに触れている。そして、九鬼家の鬼という字は本来角のない『鬼』という字を使うが、節分に鬼に対してまく豆の行事もこの艮の金神が正体であることを知っており、鬼への思慕から角を取り除いた鬼を使っていたのであろう。

●喜三郎への妨害

ナオと喜三郎の合流により、二人で一組という形で、神業が始められるが、これを教義では、縦《たて》と緯《よこ》の仕組みと説明している。これを機織りの機になぞらえ、末子スミは機織りを大事なご用としていた。スミの織り物は目が正確で、色鮮やかで鶴山織りと呼ばれた。

こうして喜三郎と合流したナオに新たな展開が始まる。一方、ナオ不在の足立教会長の広前は火が消えたように静まり返り、ついに足立の降伏で果たして金明会に迎え入れるかが役員の間で論議になったが、喜三郎の取りなしで役員として迎える形で、決着をみた。

金光教からナオが独立した報を受け、金光教の信者のヒサの夫福島寅之助は離反した足立元教会長の説得のために八木の教会長とともに足立を訪ねていた。足立の案内で金明会の広前に案内された二人は、喜三郎の鎮魂帰神による病人の平癒を目の当たりにして驚いていた。そのうえ、二人が喜三郎の鎮魂帰神の法により、見せられた不思議な光景に寅之助は一変してこの喜三郎の霊学に傾斜し、修業に加わることとなる。

こうして二十名の修業により霊学の実習が始まるが、このとき上谷（現綾部市下八田《やた》町）の四方菊右衛門の家を修業場とし、菊右衛門の長男春蔵もこの霊学の実習に参加し、修業者の中でめきめきとその才能をみせた。年は十八歳でなかなかの男前でその才能を喜三郎は愛したが、坊ちゃん育ちの性格で人一倍うぬぼれも強かった。

丁度この頃から、喜三郎とスミとの結婚を示唆する内容のお筆先が示されるが、まだ十七歳のスミに、喜三郎はそんな気にはなれなかった。このお筆先の内容が信者の間で広がると、一層役員たちの喜三郎への嫉妬と不快は深まった。春蔵は内心、スミと結婚し自分がナオの後がまをねらっていたが、そのためには会長である喜三郎の存在が目の上のこぶであり、金光教教会の時代からの古い信者と結託して排斥運動に回るのであった。

足立も喜三郎の取りなしで、どうにか金明会にとどまることができた恩も忘れ、反喜三郎勢力に加担するのも、スミの婿の座をねらう野望があったためであった。

結成当時からこのような役員を抱えながら、霊学を土台としてスタートした金明会ではあったが、鎮魂帰神による幹部たちの霊能開発では高級神と称して低級霊、邪霊がかかるケースが多かった。そのためについている神を見分ける審神《さにわ》ができる喜三郎がいてこそ、この危険性を探知、排除できるのだが、まだ修業生の神がかりには気を許せる状態ではなかった。

折しも、上谷での修業中に祖母ウノの危篤の電報が届き、喜三郎は修業生は行場から離れぬようにと厳命し、不安を胸に穴太に帰り、鎮魂帰神により祖母の病気を平癒させ、一路上谷へ引き返した。不安は的中し、喜三郎不在の合間に春蔵、他二名がナオの迎えにより、行場を離れ、綾部のナオのもとにいた。案の定、春蔵らは神がかりとなり、町内で騒ぎを起こし警察に身柄を拘束され、やっと保釈されナオの広前に戻ってきた。

このとき、もう一つの事件がこの広前で起こった。長女米（四十四歳）が、ナオが祈願している広前に半狂乱になって現れ、追ってきた大槻鹿蔵《しかぞう》に激しくつかみかかる騒ぎとなった。そこへ、ナオは発動すると激しい口調で言い放った。

「大槻鹿蔵は大江山《おおえやま》の酒呑童子《しゅてんどうじ》、米《ヨネ》は大蛇《おろち》の霊魂《みたま》。世を乱し、世界の極悪の神ゆえ、世のみせしめに九年のあいだ戒めたなれど、改心のために今日限り許してつかわす」

ナオの言葉に米は絶叫と共に倒れ、意識を失った。ナオは何事もなかったように自室に引き籠もる。いったんは息が止まり、冷たくなっていく米も一時間経つと生気が戻り、九年来の狂乱はピタリとおさまり、正気に戻った。

この現象は悪神がかかった春蔵たちに対し、ナオが改心を促すために見せた光景であった。米がこのとき、四十四歳というのは四と四を足して八という数字であり、八という数字が悪神を示す意味であり、これは後の鞍馬山のところで詳しく触れるので、ここでは割愛する。ともあれ、この米が正気に戻ることは、高級神がついたと騒ぐ春蔵たちへの警告の布石であった。ナオが悪神が憑依した春蔵らを自分のもとにわざわざ迎えたのも、悪神に対して善神への立ち返りの改心を、米の発狂を正常に戻す形で見せたためであるにもかかわらず、悪神のついた春蔵たちはその意味することとは気付かなかった。

悪神の憑依により、春蔵らはひたすら喜三郎を上谷の行場にとどめ、綾部に足を踏み入れさせぬように役員をまるめこんだが、承知しかねる喜三郎はナオのもとに足を運び、三人に憑依している悪神を審神によりその正体を暴き、霊縛により引き離した。

三人を上谷に連れ戻し修業に励む喜三郎は、神がかりの事件を教訓とさせるべく稲荷講社の長沢雄楯《かつたて》のもとに四方平蔵を連れて行き、実際の鎮魂帰神が稲荷、悪霊の憑霊とは比べ物にはならないことを体験させ、片腕とさせるべく出かけた。三日間による日程で綾部に戻ると、今度は発動したヒサの夫の寅之助の言動を信じ込んだ役員たちが大騒ぎしていた。

神がかりにより熱狂的になっている役員たちを、喜三郎が一喝して浮かれた熱を冷ましたまではよかった。だが、その腹いせに役員たちは役員会の決議で、綾部から出ていくよう春蔵を使者として喜三郎にせまった。その気になった喜三郎であるが、ナオの「それはならぬ」の一言で役員たちの思惑はとん挫した。

上谷では反喜三郎勢力が結集しつつあった。まず寅之助を教祖としてナオを隠退させ、喜三郎を追い出し、足立は自分を中心とした教団を作る策謀に熱中していた。そのため一層気炎を上げ、寅之助にあおられた修業者は一斉に発動し、ついに行場は手の付けられぬ状態と化した。

巡査まで取締りに出る事態に、神がかりの鎮定のために出かけようとする喜三郎をナオが呼び止めた。

「先生一人では危のうございますから、スミを連れて行きなされ」

ナオの言葉に喜三郎は十七歳の小娘に何ができるかと思ったが、スミを連れて騒ぎの現場へと向かった。現地では寅之助が大声で叫び続け、巡査も手を付けかねていた。正気の他の役員はただ部屋の隅で恐れ震えていた。喜三郎を先頭として部屋に入ると、寅之助を中心に修業生らによる霊波が一斉に喜三郎に向けられた。一人、二人の霊波くらいなら喜三郎は逆に平気で霊縛で回避できるが、今回は多勢に無勢であった。

五分、十分と経つなかで当の喜三郎の体が逆に相手の毒気に当たったのか、上体が揺れ始めた。そのとき、背後に誰かが立った。その瞬間、喜三郎は本来の状態に戻り、背後から飛ぶ気合いに寅之助の体が倒れると、続々と他の修業生たちの様子が一変し、形成は喜三郎側に有利に変わった。

気が付いて後ろを振り返ってみると、スミが顔をまっ赤にして力んでいた。喜三郎はあの背後の気合いがスミから発していたことを知り、スミの霊力を思い知らされた。

スミの「改心するなら許す」という言葉に、やっと正気に戻った寅之助たちであったが、肝心のスミは睨んでやったら皆倒れてしまったと言って笑っているだけだった。喜三郎はこの件でスミの霊力の強さを見直す形となった。こうして霊学騒動はおさまり、一見平和になったように見えたが、ある日ナオは喜三郎に一人歩きすると危険ですと、注意を促した。

このナオの不安は、現実のものとして現れた。農繁期も過ぎ、上谷では再び修業が再開され、喜三郎は視察にこの地を訪れた。今度は寅之助が不在のためか、順調に修業が実習されている様子に、安心して帰路につこうとする喜三郎を春蔵が綾部に用事があるからと夕方まで待たせ、同行して付いてきた。峠に差し掛かるとき、喜三郎の霊眼に谷間に隠れる人影が、十人ほど殺気を放ちながら潜んでいるのが映った。

後ろに控えている春蔵に前を歩くようにと促すと、春蔵は震え上がってその場を逃げ出した。大声で叫ぶ喜三郎の声に気勢をそがれた連中は逃げ出し、後には四人ほどの人間が残り、しぶしぶ姿を見せると役員たちは喜三郎の前を歩く形で一路帰路についた。

暗殺隊はナオの前で喜三郎の日頃の不行跡に腹が立ち、あの谷から突き落とそうとしたことを白状した。無理もない、喜三郎は皆が寝静まる時分布団から起き、高熊山での霊的な体験を筆にしたため、朝になると床につくため、必然的に朝が遅くなる。神がかり以後、毎日欠かさぬ水垢離《みずごり》を続けるナオと対照的に朝寝を続ける喜三郎の姿は、役員たちには反逆としてしか映らなかった。その不行跡が喜三郎の暗殺未遂という形まで発展したのだが、ナオは理由はどうであれ人の命をねらう態度を認めず、暗殺の首謀者へ退門を命じたが、喜三郎の取りなしで事なきを得た。

このときの首謀者の一人はもはや綾部にいることもできず、立ち去った。こうして平静となった教団内部ではあったが、反喜三郎勢力はまだ依然として存在していた。

そんな折り、ナオの末子、スミと喜三郎の結婚を告げるお筆先が示される。

「出口の神のご世継ぎは、出口喜三郎、出口すみ子が、ご世継と相定まりたぞよ」

日取りも旧正月元旦と取り決められ、明治三十三年（一九〇〇）一月三十一日の旧の元旦の日、喜三郎とスミの婚儀が行われた。この神示により、スミと結婚した喜三郎は、後に正式に出口家を相続した。その後、大本は喜三郎の力によって大教団へと発展していく。

ところで、大本という教団は普通の教団と異なり、二人の「教祖」が存在するという意味では特異である。そのため、教団側ではナオを「開祖」、喜三郎から後に改名した王仁三郎《おにさぶろう》を「聖師」と呼び、明確に区別している。ともあれ二十世紀が始まる前年の旧正月に婚儀を挙げたことは、『金明霊学会』という新しい教団の誕生の年の幕開けでもあり、封印されていた神の出現でもあった。

だが、喜三郎とスミとの結婚は役員内部で様々な思惑が飛び交うこととなる。春蔵は神がかりを利用して上谷に陣取り、多くの信者を引き寄せたために、綾部の広前は信者が寄りつかなくなった。また、足立はときどき姿を見せる福島寅之助の神がかりを利用して、喜三郎追放を試みるが、ついにナオは綾部からの退去を命じた。足立は狼狽して、喜三郎に服従を誓ったが、ナオは神示であるとこれを認めなかった。反喜三郎勢力もこうして一人消えた形となった。

このように役員たちの離反が相次ぎ、純粋な四方平蔵も喜三郎に従うべきかと迷った挙げ句、家に引き籠もったきり姿を見せなくなった。

この事態を乗り切るため、喜三郎は従来の『金明会』を改称して『金明霊学会』とし、新役員を編成して新体制で臨むこととなる。そして喜三郎とスミの結婚は、いよいよ大本内部で繰り広げられる芝居の幕開けでもあった。

「こんどは北から艮の金神があらわれて、世界を水晶の世にいたして、善と悪とをたてわけて、善悪の見せしめを明白《ありやか》にいたして、世界人民を改心させて、万劫《まんご》末代動きのとれん、善ひとすじの世のもちかたをいたすぞよ」

北に押し込められた艮の金神は、いよいよ姿を現すとお筆先を通じて予告していた。そして、七月にはついにその場所を告げる。

●冠島《おしま》・沓島《めしま》開き神業

金明霊学会の団体を発足させ、着々と教団としての基礎固めが進むなか、謎とされる艮の金神はナオのお筆先を通じて、ついに隠遁した場所を明かす。

明治三十三年七月、ナオのお筆先の中に「こんどの二どめの世の立て替について、おしまに参りてくだされよ」との神示が下ったのが発端となった。果たして「おしま」とは、どこであろうと信者たちが色々調べた結果、舞鶴沖に浮かぶ小島であることが判明し、ナオ一行の冠島《おしま》行きが決行された。

「おしま」とは、雄島とも云い、別名「大島・男島・冠島」とも云い、近くには雌島《めしま》（又の名を沓島・女島とも云う）がある。そもそもこの冠島は、舞鶴沖から約二十海里《かいり》、若狭湾口部付近に位置し、東西四百十三メートル、南北百三十一メートル、標高百六十九メートルの無人島である。当日は、時化《しけ》のためにきつい荒れ模様になっていた。

船頭は最初はこの天候では無理と承諾しかねていたが、ナオが「竜宮様がお迎えに見えるので、少しは荒れているが、途中で雨も風もやむと神さまが申されるから舟を出してほしい」と頼み込んだ。

その言葉に押されて、船頭たちは舟を出すことになった。舟にはナオとスミ、喜三郎他計五名の一行を乗せ、時化の海に向かった。途中から果たして、ナオの言ったとおり、風雨もやみ、星空に変わり、一同は喜び勇んだ。この不思議な光景を目にした船頭たちは、この後大本の信者となる。朝日が射し込める頃、舟は無事冠島に到着し、一同は波打ち際で禊ぎをして、社殿に進み、禊祓《みそぎはらい》・大祓《おおばらい》の祝詞を奏上し、祈願をして無事役目を果たした。

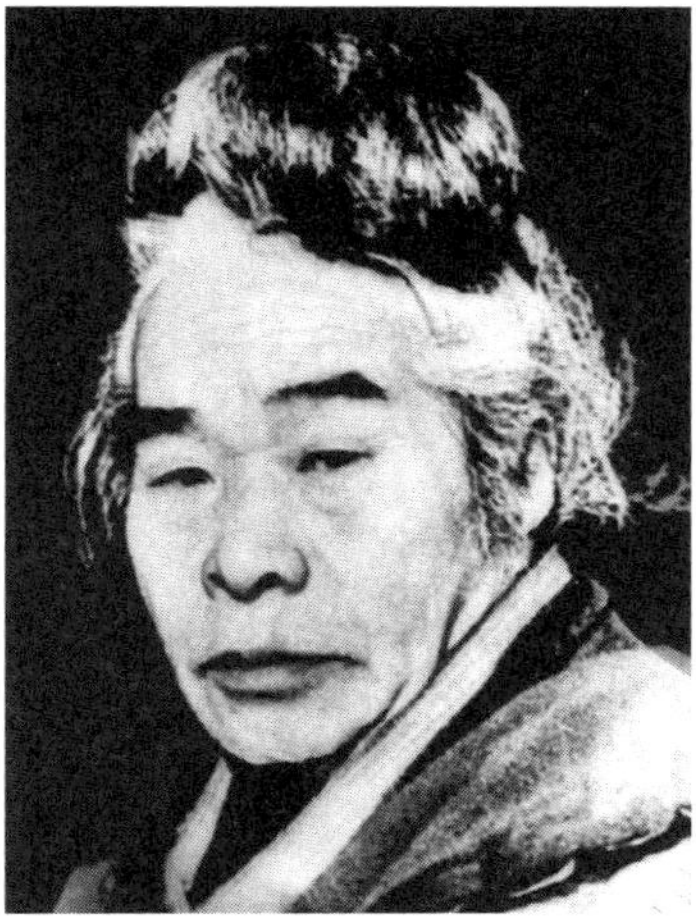

聖師　出口王仁三郎（喜三郎）
（写真提供；毎日新聞社）

そして、旧六月十日のお筆先ではこの冠島へ行かせた理由について、「この世の因縁のあるご用でありたぞよ。この世はじまりのこの世を開く結構なご用でありたぞよ。これから沓島・冠島を綾部から開かすぞよ」と述べ、竜宮の乙姫の守護により、金勝要の大神、岩の神、雨の神、風の神、荒の神、地震の神を艮の金神が使い、世界を守護させるのでいよいよ大変になると伝えられた。

この「冠島開《おしま》き」の成功は、足の遠のいていた信者たちを再びナオの広前に向ける形となり、春蔵の神がかりに惑わされていた他の役員たちもようやく戻ってきた。肝心の春蔵すらも、涼しい顔で姿を見せた。

八月一日（旧七月七日）、「こんどは沓島《めしま》へ参るのは、まだ昔からなきことざぞよ。綾部本宮出口直《ナオ》、出口おに三郎、出口澄《スミ》、沓島も開いて下されよ」とのお筆先が下り、「世に落ちておりた生き神を今度世にあげる」ためのご用となった。このとき、喜三郎《きさぶろう》が「鬼三郎《きさぶろう》」とお筆先により命名された。役員たちはこの命名に、「ほんま先生は鬼やった」と口々に噂するのだった。以後は表記の煩わしさから、王仁三郎《おにさぶろう》と統一する。

ナオ、王仁三郎、スミ他一行九名が八月二日（旧七月八日）綾部を出発したが、春蔵はその選から洩れて同行は許されなかった。翌日、一行は冠島に舟で向かった。冠島の社殿で禊祓の祝詞を奏上の後、ナオ、王仁三郎、スミ他二名と共に沓島に向かうべく、舟に乗り込んだ。この日はここ数年にない静穏な海が、次第に急に大きなうねりとなり、肝心の舟を着ける場所が見当たらず、ナオは釣鐘岩に舟を着けよと命じた。

王仁三郎は釣鐘岩に着くと、即座に上陸し、舟を縄で岩に結びつけ、用意した祠を解体して運び、どうにか三十メートル上にある二畳ばかりの平らな面に祠を建てた。そして、艮の金神と竜宮の乙姫をはじめとする陰から守護していた神々を祭り、祭典は無事終了した。

そして、綾部に帰ると「こんど雄島・女島へ行ったのは、二どめの世の立て替えのご用でありたぞよ」とお筆先が降ろされ、この男島・女島開きが重要な意味を持つことが判明した。

その後お筆先は、このご用は「身魂あらための出発のご用でありたぞよ。二度目の世の立替えのことでありたぞよ」と述べ、ナオは変性男子、王仁三郎は変性女子の身魂であると示した。


「艮《うしとら》の金神《こんじん》、変性男子《へんしょうなんし》とあらわれるぞよ。つぎに変性女子《へんしょうにょし》があらわれて、男子《なんし》には世界《せかい》のことを書《か》かすなり、女子《にょし》には世界《せかい》にあるこまかいことを説《と》いてきかせるぞよ。」

（同年旧八月五日）


「出口《でぐち》は女《おんな》であれども男《おとこ》の性来《しょうらい》、上田《うえだ》は男《おとこ》であれども女《おんな》の性《しょう》ざぞよ。変性男子《へんしょうなんし》、変性女《へんしょうにょ》子《し》の因縁《いんねん》わけて見《み》せて、みなに改心《かいしん》させせんと疑《うたが》いが晴《は》れんから、ぼつぼつ説《と》いて聞《き》かしてやるぞよ。」

（同年旧八月二十一日）


変性男子、変性女子、これは大本の独特の表現である。変性男子とされるナオは肉体的には女の体だが、霊魂は男。王仁三郎は肉体的には男だが、霊魂は女であると示された。変性男子、変性女子の闘いはこれ以後、ナオと王仁三郎の体を使い、現実世界で実演していくことになる。

同年十一月、新たに購入していた民家に男島・女島開きで世に出た「竜宮の乙姫」も神床に新たに奉斎され、竜宮乙姫の神格が前面に打ち出され、「竜門館」とこの家は名付けられた。これは、男島・女島開きによって世に出ることができた神々の活動の始まりでもあった。艮の金神・坤の金神の隠遁に眷属神もお供して隠遁していたのである。

これ以後、本当に乙姫が世に出ることができたかのように、ナオがしばしば口にする言葉があった。

「今、竜宮の乙姫様がお見えになっておりまっせ」

その場に居合わせた役員たちが不思議そうに顔を見合わせると、壁から水滴がたれ始めるなどナオの言葉は不気味なほどに説得性を持っていた。この「男島・女島開き」によって封印を解かれた神々が、ナオの周りで動き始めていた。

●型とは何か

このご用は「型」という大本独特の宗教観に根ざしている。ナオの拠点としている綾部は、

「日本の型であり、世界の型」であると説く。大本とはお筆先によれば、世界の元であるというのだ。この型について後に王仁三郎は次の歌を示し、詳しく述べている。

瑞能神歌《いずのしんか》

日出ずる国の日《ひ》の本《もと》は全く世界のひな型ぞ
わが九州はアフリカに北海道は北米に
台湾島は南米に四国の島は豪州《ごうしゅう》に
わが本州は広くして欧亜《あじあ》大陸《たいりく》そのままの
地形を止むるも千早ぶる　神代の古き昔より
深い神誓《ちかい》の在《いま》すなり

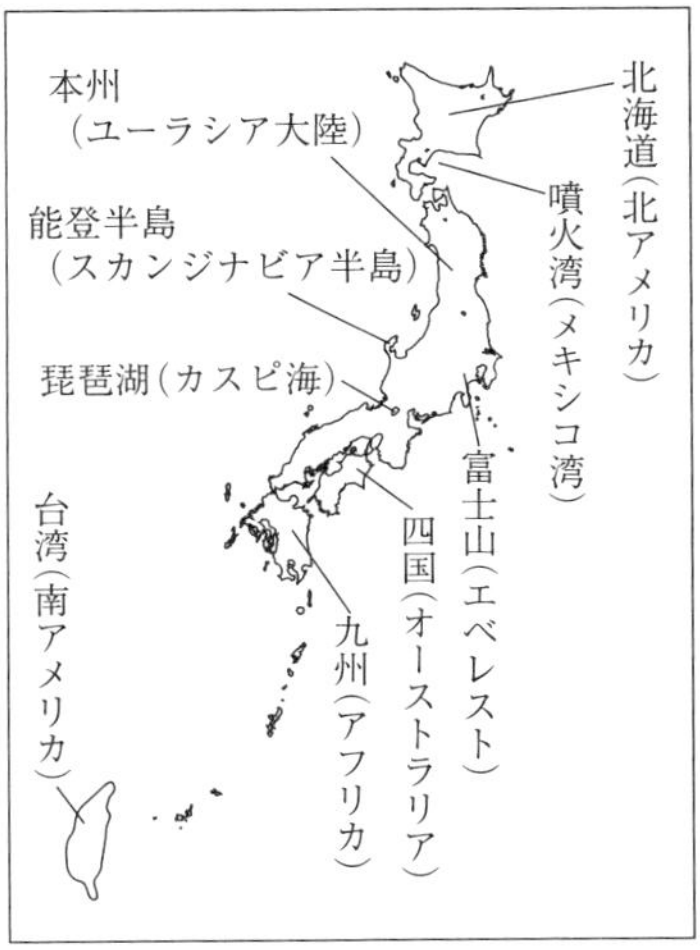

この歌でみると北海道は北アメリカ、本州はユーラシア大陸、四国はオーストラリア、九州はアフリカ、台湾は南アメリカが呼応し合うという。日本は特殊な国であり、霊的にもそうなっていると王仁三郎は断言している。

日本は世界の雛形であるという説を「全地球諸州国の地図を見ればこの国がその雛形、その種子であることを悟り、この日本という国を胞《えな》として、全地球の諸州国を産んだということを不思議なことだという人がいたならばそれは愚かなことだ」とも王仁三郎は述べている。

日本最大の湖琵琶湖は、世界最大の湖カスピ海が相当し、地中海は即ち瀬戸内海になるという。信じられないような話だが、この説で思い出すのが以前NHKの番組で地球の地質を調査したものがあった。そのなかで、伊豆半島の丸い先端の部分はかつて幾万年前は赤道付近にあった島で徐々に北上し、本州と結合しその北上する力で盛り上がって形成されたのが、富士山一帯であるという。さて、これを世界の地図で当てはめるとヒマラヤ山脈一帯であるのだが、インド半島もやはり幾万年か前には赤道付近にあった島で、徐々に北上して、アジア大陸と衝突し、チベット一帯の山岳地帯が形成されたとする。

奇妙なほど、伊豆半島の誕生とヒマラヤ山脈の形成が似通う。奇妙な偶然は単にこれだけにはとどまらない。北アメリカが北海道とすれば、北アメリカの先住民インディアンを追いやり、移民を受け入れ、アメリカ領土を手に入れたアメリカ人。北海道の先住民アイヌ人を追いやり廃藩置県によりあぶれた多くの士族、農作地を持てない次男坊以下の農民が一攫千金の夢を持ち北海道に渡り、開拓していった日本人。また、奴隷と称して多くのアフリカ人を労働力として酷使したアメリカ人の姿は、当時多くの罪人を北海道で鉄道敷設などで酷使させていく姿とも重なり合う。まるで奇妙に絡み合うものを感じさせる。容易には信じ難いような話だが、何やら日本は霊的に特殊な地場としか思えない。

ともあれ、王仁三郎は大本と日本を世界の雛形という特殊な地場であると捉え、大本、日本を舞台に雛形としての神業を仕掛けていたことが後に判明していく。

王仁三郎は、この現界と神霊世界の因果関係は、まず神霊世界の現象が人間界に投影し、次いで人間の現界での行動が霊界に影響し、霊界にも現実世界に似た現象が生じるのだとする。つまり、霊界の情勢は現界に写し出され、霊界の状態が現実世界に再現されるという。

これを大本では「相応の理」とも言い、これがかつて大石凝真素美の唱えた「応分の前兆」とも呼ぶ現象なのである。すなわち現界と霊界は合わせ鏡のように呼応し合い、それ故に王仁三郎は「現世《うつしよ》というのは神の世界をそのまま映したからうつし世と言う」と説明している。例えば、我々の世界では着物は左側を上向きに着るが、死んだ人の場合は逆の右上に着物を着せるのもその意味で、鏡に写したように逆にするのが、写し世ということになろう。

そして、この型は実は「三段階の移写」によって現れるという。三段移写というのはどういう意味か。その例として大本の型としては、艮の金神はまず最初は男島・女島に、坤の金神は播州、瀬戸内海にある上島へそれぞれ隠遁したと説く。そして、それが日本という次の段階では、艮の金神は北海道にある芦別山《あしべつさん》に、坤の金神は喜界ヶ島にそれぞれ隠遁したと型が移写していく。そして、三段階目が世界では、艮の金神は日本に、坤の金神は聖地エルサレムにそれぞれ隠遁したと展開していく。

上の表のように捉えると理解しやすい。この三段移写の仕組みは、後々の説明で重要な意味をもっているので、きっちりと頭に叩き込んでほしい。

◎三段移写

艮の金神	型	坤の金神
女・男島開き	（大本の型）	播州上島
↓		↓
芦別山開き	（日本の型）	喜界ヶ島
↓		↓
日本	（世界の型）	エルサレム

もっとも、このような説を唱えたのは何も王仁三郎だけではない。明治時代に神界に肉身のまま出入りしたという四国の異端の国学者、宮地《みやじ》水《すい》位《い》も幽界で争闘があると、その混乱は自然と現世にも及び、西洋諸国に及び、その闘争と直接関わりのある現界の世界は一年もしない内に戦争になり、霊界で起こったことはそのまま確実にこの現界で実演されるのだと述べている。

宮地水位は神界で見聞したことを、本来は口外してはならないという神界の掟を破り、『異《い》郷備忘録《きょうびぼうろく》』という書にまとめ上げた。国学者としては、肉身で神界に出入りしたというのも驚異的な話だが、この神界での掟を破った咎《とが》により、水位は二十年以上病気で苦しみながら死に、残された一人息子も夭折《ようせつ》して、ついに宮地家は断絶している。

神道学者で有名な宮地直一博士も、この宮地家の傍流であり、宮地家は学者としては江戸時代からの名家でもあった。その学者肌として名高い宮地家の中で、異例中の異例として、水位は神界の中心は日本であるが、その神界の実像は中国の道教色を深めている、と唱えている。それは古来日本では神界との往来の術が途絶え、中国だけにその術が残ったために、神界の実像は道教的な色彩を帯びているのだと説明している。

日本史の教科書にも登場する国学者、平田篤胤《ひらたあつたね》も、最終的には神界の実像は道教にあると道教の研究に没頭するまでの傾斜振りを見せている。だが、この篤胤も元々はまともな国学者ではあったが、天狗にさらわれて当時江戸では評判になっていた寅吉という少年から霊界の実像を聞き、そして『寅吉問答』という書物をまとめ上げている。それ以降、普通の学問からオカルト的な部分に強く惹かれ、最終的に道教に傾斜している。

異端とされる国学者、宮地水位や平田篤胤にしても異界との接触を持つことにより、神界の実像は道教にあるとたどり着いているのは興味深い。

●鞍馬山神業《くらまやましんぎょう》

この時期、王仁三郎は、妹ゆきの夫、西田元教の危篤の報に穴太に帰郷し、鎮魂帰神により治癒させて帰ってきた。すると、王仁三郎の排斥運動の役員たちにより、王仁三郎の今まで書きためていた著書五百六十余冊が焼却され、玄関先には王仁三郎の荷物が放り出されていた。

色々と調べた結果、王仁三郎を追い出し、四方春蔵を後がまに据えようとの陰謀と判明した。善後策を講じてその場は事なきを得たが、元来金光教の信者を集めてスタートしたナオの信徒集団では、王仁三郎が会長として就任してからも、まだ問題を抱えていた。

金光教の古い信仰から脱せられない者、スミと結婚して後継者となるという野心を持った者には、新参者だが実力のある王仁三郎は目の上のこぶでしかなかった。その不満が、今回の王仁三郎排斥という形で現れたのである。

ナオは今回の事件に対し王仁三郎を擁護する立場を取るが、逆にお筆先ではこの問題を改心の問題として捉え、「会長も役員も苦労と修業が足りない」と戒めていた。続いて、一見普通の人にすれば不可解とも思えるような神業が、お筆先を通じて次々と指示され、ナオはそれも忠実に果たしていく。

この男島・女島開きを境に、ナオたちの活動は神業という一般の人間には理解しがたい行動が増えていく。役員たちの不満、妨害という王仁三郎の不安定な状況の中で、次の新たな神業が始まる。出発に際して行き先は示されてはおらず、出発の前に出たお筆先では「こんどの実地の神の仕組みておる所は、変性男子と女子より行かれんぞよ。すみ子と春三（春蔵の意）と二人は修行のためじゃ」とあり、一行は四人と決まり、「皆々のために神が連れてまいるのじゃ。それを見て改心をなされよ。世界のかがみの出る元であるからみなかがみに出すのざぞよ」とも示され、役員の改心と、善悪の鏡、つまり「型」を出すのが目的のように思われた。

出発の明治三十三年九月一日（閏八月八日）、排斥運動の首謀者四方春蔵がお供として同行する神意が理解できないと、王仁三郎は同行するのを拒否すると言い出す。ナオの説得でどうにか王仁三郎も納得して従うことにした。ナオが「それでは裏口を開けてご覧なさい。恐ろしいことがありますから、よく見て下されや。みなの戒めのためじゃと神さまがおっしゃります」と話した。

そこで王仁三郎と春蔵は裏口を開けて、外を見ると柿の木の下にミミズが一匹這っている。すると、そのミミズを一匹の殿様ガエルが呑み込む。次に黒いヘビが出てきて、そのカエルを呑み込む。すると、今度は猫がそのヘビを噛み殺したかと思うと、その猫は別の黒猫に追いかけられ、柿の木にかけ登るという場面を見せられ、上には上があるものだと彼らは驚いて肝《きも》を潰した。ナオは「これで何事もわかったでしょう、春蔵はん」とニコリと笑顔を春蔵に向けた。春蔵はなぜかナオの言葉に恐怖を感じ、脂汗をかいた。

こうした状況で、八木の福島ヒサの家へ行けば次の指示があるとナオに言われ、深夜、一行はヒサの家に向かった。途中で一人の信者が待機しており、一行のお供に加えて欲しいとナオに頼み、一行の荷物持ちという名目で加わった。

ヒサの家へは次の日の晩に到着し、そこで一夜の宿となった。翌朝、王仁三郎は神示で「世の中の人の心はくらま山《やま》　神の業火に開くこの道」と歌で行き先を示され、一行は京都鞍馬山に向かった。

鞍馬山は京都市の北の郊外に位置し、鑑真和尚《がんじんおしょう》の高弟が庵を建て、毘沙門天《びしゃもんてん》を祭っていた。その後、藤原伊勢人が堂宇《どうう》を建て、それを鞍馬寺と名付けた。鞍馬寺は毘沙門天と千手観音と鞍馬山に棲む魔王尊（サナート・クマラ）を三尊一体として祭られており、鞍馬とはこのクマラの転化でもある。

鞍馬寺に到着し、その夜一行は堂の前で夜を明かすことになった。春蔵は神前でおみくじを引くと悪い番号が出た。寝入っていた荷物持ちの信者がふと目を開けると、「起きて下さい、起きて下さい」と春蔵の呼ぶ声がして、外に出ると堂の前を火の玉が行き来しており、その火の玉の尾に春蔵が乗っていた。

信者が火の玉を追いかけて行くと、青白い顔をした春蔵がたき火をしていた。訳を尋ねると春蔵は理由を言わなかった。

「おお恐い、今のを見てくれたなら何も言うことはない」

そう言って、ただ泣き続けていた。信者は春蔵を連れ戻し、翌朝尋ねても知らないと答えるだけだった。昨夜のたき火の跡も見当たらぬので、そこで、昨夜の一件について信者がナオに訳を尋ねた。

「先になったら分かります」

ナオはそれ以上答えないまま、一行は帰路につき、九月四日に綾部に入った。その後、ナオは百日間六畳の別荘に籠もり、お筆先を書き続ける。そして、反王仁三郎派の中心であった春蔵はあの夜の一件以来元気が亡くなり、一ヵ月後わずか十八歳で死んでしまった。

この春蔵の死について「出口の神の因縁も知らずに、もう一つ世を持とうと思うて春蔵に生まれ、大将になろうと仕組みておるから、鞍馬へのご苦労になりたのは、なかなか大もうなことでありたのざよ」とお筆先に示された。

また鞍馬山については、「鞍馬山なんでもないように思うておるが、結構な恐い所ざぞよ。よしあしがわかるところさ」、「鞍馬山はこれまで仏の行場としてあったが、善い神はおらず、大分見苦しくなりたから、仏の方で守護しておりた守護神も、間に合う神は綾部の大本に引き寄せるから」とも示され、鞍馬から帰ってきてから二、三日後の大嵐のとき、ナオは「本宮山へ鞍馬の大僧正がしずまり、大杉に眷属《けんぞく》がきた」と語っていた。

今回の神業によって、お筆先のとおり、良し悪しがはっきりと分かった形となり、春蔵は立て替えられた形となった。こうして、役員たちによる王仁三郎排斥運動は一時下火になり、教団内部の立替えという型でこの神業の結果が現れた。

●八八の仕組み

ところで、この「鞍馬山神業」が後の大正十年に起こる大本第一次弾圧の先走りの型である。さて「鞍馬山の神業」の始まりは、閏の八月八日である。行き先の告げられないまま、まず神の指示で向かったのが八木である。王仁三郎が後に降下した『伊都能売神諭《いづのめしんゆ》』の中で、「米《よね》にも仕組みをしておろうがなあ。八木にも仕組みをしてあろうがな」という一節があるが、八木の字の八を木とつなげると、米という字になる。米寿が即ち八十八歳を意味するように、「八八」の数字を秘めていることになる。後に、綾部に金竜海という池を王仁三郎が作らせているが、そのくわ入れ式も八月八日である。

この米《ヨネ》が悪の仕組みであるというのは、次のお筆先でも示されている。

「是迄の世界は夜《よ》の食国《くに》の守護でありたから、ドンナ行為《こと》を致して居りても罰も当たらず、大悪人の覇張《はば》るに都合が能く出来て居りて、神の利益と云ふものも、微弱位《すこしぐらい》より現はれなんだが、是からは神界《かげ》で調査《あらため》てあることを厳重に現はして了《しま》ふぞよ。

斯世《このよ》が斯《こ》う云ふことに乱れて居ると云ふことを、出口直の一番姉娘の米に為して見せてあるから、是を見て、斯大本《このなか》へ立ち寄る人は心得て下されよ。」

（明治三十六年旧六月八日）

ナオの長女米は、ナオが神がかる前に先に発狂し、九年間座敷牢に閉じこめられたが、最後にはやっと正気に戻った。だが、ナオによると夫の大槻鹿蔵は「酒呑童子」の身魂《みたま》であり、米は「大蛇《おろち》」の身魂であるという。世を乱した極悪の神のために、戒めとして米を発狂させたのだが、前述の事件でその米が正気に戻ったのは、四十四歳。四四の数字を足すと八という数字になり、「大蛇の霊魂」である印《しるし》は、出雲で素盞鳴命《すさのおのみこと》が退治した大蛇の首の数の八を示す。王仁三郎によると、素盞鳴命により退治されたこの大蛇は実は死んではおらず邪霊となり、世界各地に飛び交い、この世の悪をなしている。その邪霊を鎮めるには、言霊を言向《ことむ》けることにより、この霊を鎮めるしかないという。

お筆先では「改心」「慢心」という言葉がたびたび登場するが、王仁三郎によるとこの「改心」とは「改神」、「慢心」とは「慢神」を意味し、米《ヨネ》の場合の「改心」とは悪神から善神へ改める「改神」ということになる。王仁三郎が高熊山での霊的体験を口述した『霊界物語』の中では、善神が悪神へ、悪神が善神へと改神する話が幾度となく出てくるが、半狂乱になった米につく神を改神させたのも、春蔵らにつく悪神たちに対する警告であり、改神を促していたことになる。

その意味を汲めぬ春蔵のために、鞍馬山でのご用でも最初に戸口で見せられたミミズから始まる異常な光景は、どんな強いものでも上には上があることを示し、実は春蔵についている神の改神を促していた。そして、それでも改神のできぬ春蔵は、最終的に死の引導を渡される結果となった。

改神の型として八の数字を暗示させるために、米が四十四歳のときに悪神の改神の型を行い、鞍馬山神業は八月八日、八木から始めたのである。

これから見ても、米という字は悪がはびこる世であり、乱れることを意味するのが分かる。では金竜海のくわ入れ式の八月八日の八八は何を意味するのか。大本では「金竜海」は竜宮の乙姫《おとひめ》の遊ぶ池としている。王仁三郎によると乙姫とは元来、欲深い神で竜宮城にこの世のすべての金銀財を集めていた。艮の金神、国常立大神が復権したとき、改神してこの宝のすべてを持って参上した。しかし、国常立大神はこの宝は神界では何も用をなさないが、命の次に大事な宝を献上した功績により、自分の部下神の列に乙姫を加えたという。すると、八八の数字は物質文明、拝金主義を示すことになる。

そして、ヒサが後に、この乙姫は日の出の神が自分についたと称して影響を与えた大本系の神示、『神霊聖典』では、日の出の神の出現のとき、乙姫自らが馬となり、日の出の神を乗せ世界各地をめぐるとある。鞍馬山の鞍馬とは、八の数字に関わるこの乙姫が鞍をつけた馬の役目をになうと捉えるとかかりやすい。八八とはこの物質界の欲を現し、その破壊が乙姫の宝の献上の型である。そして部下になることを誓った乙姫を馬にして、日の出の神が世界を回ったというのも、日の出の神が物質文明を従えたという意味では、現実には日の出の神が世界を回ったかのように世界大恐慌が、大正、昭和の時代に吹き荒れたのを見ても分かる。財そのものが悪という意味は、この八の数字に隠されていた。

さて、八という字には良いイメージは、大本ではないことになる。王仁三郎は大本では素盞嗚命の身魂と云われ、この素盞嗚命は出雲では八岐大蛇《ヤマタノオロチ》退治という活躍を果たしている。八の意味するのがそのまま悪神となる。そして、王仁三郎が入蒙の際、娘婿に渡した遺書『錦の土産《みやげ》』の中でも次のような一節を示し、八八の数字を記している。

「邪神界殊《こと》に八十八派の凶党界《きょうとうかい》の妖霊は一応尤《もっと》もらしき言辞《げんじ》を弄し、月の西山に入りたる際（王仁三郎の死後）、得たり賢しと聖地に侵入し来り、先づ第一に二代三代の身魂を誑惑《きょうわく》せんと雄猛《おたけ》び襲いくるべし」

この遺書は王仁三郎、スミ昇天の後、現実に起こった大本内部の紛争を予言したものであるが、王仁三郎反勢力の霊的な型として、この八八の数字にちなむ八十八派の凶党界の妖霊とみると分かりやすい。王仁三郎によると凶党界とは、人間が欲を持ち、霊的な世界に関わりを持つと一番交渉を受けるのがこの世界であり、王仁三郎すらもかつては目に見えぬ天狗を使い色々と用を足していたが、ある日「こんなことをしていると凶党界に墜ちるぞ」との神からの声によって止めたという。

また、王仁三郎は話の中で、ある祈祷師が当たると随分と評判だったが、夕方店じまいし、食べ物屋に行くと、際限もなく食べ、その日の稼ぎをすべてその日のうちに使ってしまう。それも凶党界の妖霊と関わったためだと結んでいる。この話からしても、凶党界とは物欲、名誉欲、その他の欲で、人間を堕落させる世界ということになる。

こういう欲がらみの悪神を象徴するのが、鞍馬《くらま》、即ち暗がりの世、悪の世を示すのが、鞍馬山神業ということになる。

当時大本の聖地は綾部しかなく、鞍馬山神業の型とは反王仁三郎勢力の後退ここでは四方春蔵の死を意味する。次の型はその裏付けを実演したように、最初に神示で告げられた行き先の場所が八木である。本来日の出の神と神格化されていた戦死した次男清吉の身魂が、後に義理《ぎり》天上《てんじょう》日の出の神として福島ヒサが自分についたと称し、『日乃出神諭』を降ろし大本内部をかく乱した。そして、王仁三郎が第一次大本弾圧で新聞法違反で入獄し、教団内に不在になった隙をついて王仁三郎排斥運動を画策した八木出身のヒサこそが、まさに鞍馬山神業の後に示されたお筆先の「大将になろうと仕組みておるから」のとおりであり、春蔵とヒサの行動は一致している。結局大本第一次弾圧を契機にして、ヒサを始めとする反王仁三郎勢力は一掃された有様となった。この点に関しては後に触れる。

●元伊勢の水のご用

次の神業を促すお筆先は、しばらくナオには降りていなかったが、翌年明治三十四年旧二月六日には「今年は絶命の世の立替になりたから、丹後の元伊勢に参拝を致してくれねばならんぞよ」とお筆先が降りた。

そして、四月二十五日（旧三月七日）にはその参拝の目的が具体的に示された。

「元伊勢の産だらい・産釜の水晶のお水は昔から傍《そば》へも行かれん尊い清き産水でありたなれど、こんどの世の立替について、綾部の大本から因縁のある霊魂《みたま》に大もうなご用をさして、世を立直すのに、むかしの元の水晶のかわらん水を汲《と》りにやらしてあるぞよ。艮の金神の指図《さしず》でないと、この水は、めったに汲《と》りには行けんのであるぞよ。この神が許しを出したら、どこからも指一本触《さえ》る者もないぞよ。こんどの元伊勢のご用は世界を一つにいたす経綸のご用であるぞよ」

（明治三十四年旧三月七日）

次には産だらい・産釜の水晶の水をもって、世界の泥をすすぎ身魂の洗濯をして、元の神世にかえすご用をすることとなった。

そのためナオは元伊勢へ参拝する日取りを、四月二十六日（旧三月八日）と決めた。

「元伊勢の産だらいと、産釜の水晶のお水」とは、京都府加佐郡河守上村字内宮（現在の大江町）にあり、祭神は天照皇大神を祭り、崇神天皇の時代に、大和国笠縫から遷幸した与佐《よさ》の宮の旧跡とも伝えられているが、詳細は不明である。この元伊勢の内宮側の日室山の山裾を洗う五十鈴川の上流の方に大きな岩が横たわり、この岩の中に二つの岩穴がある。この中に清水が年中涸れることなくたたえられてあり、この水は昔から汲み取り禁制の水で、万が一禁を犯した場合は必ず大風大洪水を呼ぶ水と伝えられ、この水に何人も触れることができないように当時は神主が監視していた。

大きな岩に二つの窪んだ穴があり、そこには並々と清水が溜まっていた。

その日、水を監視している神主が食事のために交代するときの隙を見て、密かに監視の目をくぐり抜け、持ち出すことに成功する。そのうえ、一連の神事が終わると運が良いことに丁度大きな木が流れついて、向こう岸と岩場をつなぐ橋のようにかかっていた。その橋を伝わって、どうにか持ち帰った。

そして、汲んできたこの水を綾部本部の神前に供え、ナオの命令で竜門館と出口家の元屋敷と役員の家の井戸の三ヶ所にこの水をそれぞれ注ぎ、このとき竜門館の井戸は金明水、元屋敷の井戸は銀明水と命名された。

この産だらいの水が普通の水でないのを証明するかのように、この水を注ぎ終わる頃、広前のランプが落ちたり、風呂場から火が出たり、役員の背中にランプの火が倒れて燃え移ったりと、三度も失火が起こった。しかし幸い早く発見したので大事に至らなかった。そのような不思議な現象が現れたことから、この神業が普通のご用ではないことが分かる。一般の人には理解できないようなご用でも、不思議とそのご用を証明するかのように色々な現象が現れてくるのである。例えば、女島開きでは平穏な海が荒れたり、鞍馬山では四方春蔵が死んだり、この元伊勢の場合は、失火が三度も起こるという現象が現れているのをみても、神事のご用により現実世界では見えない現象が起こっている。そして、この三つの不審火こそ、この後に戦火として起こる日露戦争、第一次世界大戦、第二次世界大戦の火の手を示していたとしか思えない。

さて、残りの水は五月四日、男島・女島の中間の「竜宮海」に注がれた。このとき、王仁三郎は次のように予言する。

「この水が三年経つと世界を廻るから、そのとき世界が動くであろう」

果たしてこの水のご用によって、仕組みが動いたかのように、三年後には日露戦争が起こり、ここにナオと王仁三郎の予言は的中した。

●出雲の火のご用

水の神業の後は、次は火の神業として「出雲のご用」がナオたちに示された。お筆先では、「もう一ど出雲へ行て下されたら、出雲のご用を出来《しゅったい》さして、天も地も世界を平均《なら》すぞよ。このご用をすまして下さらんと、こんどの大もうなご用はわかりかけがいたさんぞよ。わかりかけたら速いぞよ」（明治三十四年旧三月七日）と示され、ナオ、王仁三郎、スミ他十五名が出発することになった。

しかし、王仁三郎は神経痛で足が痛み歩行が困難だからと、参加を断っていた。しかし、ナオがこれを認めず、一家揃っての参詣でなければならぬとした。そのため、わざわざ古い人力車を購入し、他の参加者がこれを引いての参拝となった。しかし、出発前には足の痛みが消えており、用意した人力車は不要となった。

こうして一行は七月一日（旧五月十六日）出雲大社へ出発し、十一日の夕方、出雲に到着した。翌十二日、出雲大社に参拝し、神火の消えずの火、瑞垣の中の砂、御饌井戸の水を持ち帰り、二十日に一行は帰綾した。

出雲大社の「神火」とは、社伝によると天穂日命《あめのほひのみこと》の神代から引き継がれた代々消えずの火として点火されたものと云われ、相当の金を神官に渡し、これらの火、土、水をどうにか持ち帰ることができた。

綾部ではこの火を点じて、祭典のとき使用し、火を絶やさぬように番人をつけていたが、その後ナオに相談したところ、天に預けるようにとのことで、その火をロウソク十五本に移して天にかえした。

出雲の土は、三班に分かれ、それぞれの地に散布された。水は金明水の井戸に注がれ、残りは七月二十五日、ナオ、王仁三郎、スミ一行計六十八人で再び男島へ参拝し、竜宮海に注がれた。

六十八人という数字、それは六八《ろっぱ》、即ち四十八となる。この数字はお筆先の「イロハ四十八文字で示すぞよ」とあり、この人数の中に潜ませていた。大本では、このように数字による現象はたびたび現れ、この一見分からないような神業を解く鍵ともなる。この解き方が、こじつけとする人もいよう。例えば、ある信者から、『霊界物語』の中で、玉という女性が夫がないのに、十八ヵ月で子供を身ごもって出産した数字、十八の意味を王仁三郎は問われ、その答えとして三六《みろく》の数字をかけると十八になるのだと肯定している。

さて、出雲の土というのは、一般に浄めると信じられており、その土を撒くことによって世界を浄めるという意味を持っていた。

●火水の仕組み

出雲のご用の後のお筆先により「元伊勢のうぶのお水で世界の泥を澄ますのであるから、水は元伊勢、火は出雲、火と水とで世界に厳しきことがあるによって、世界の人民の身魂の洗濯いたさんと厳しきことが始まるぞよ」(明治三十七年旧二月十日)と示していることから、世界人類の身魂の洗濯、つまり火と水とによる洗礼を意味している。

型としての大本の役目とは「三千世界を立て替える鬼門の金神」を世に出し、その神の力を元伊勢の水、出雲の火とのご用を実演し、火と水の仕組み、つまり「火水」で、カミとなり、もう一つはヒミツでヒミツの仕組みでもあった。

そして、竜宮海に注がれた出雲の水は、「女島と男島との間にも、この水を少しそそいであるが、この水が世界中へ廻りたら、ポッポッと大望を始めると申してあるが、もう廻りたから、これは世界に何があろうやら知れん」（明治三十六年旧五月十九日）と示され、世界全部を巻き込んでの立替えを意味していた。

火と水、そして土が大本の雛形経綸の謎を解く鍵となる。

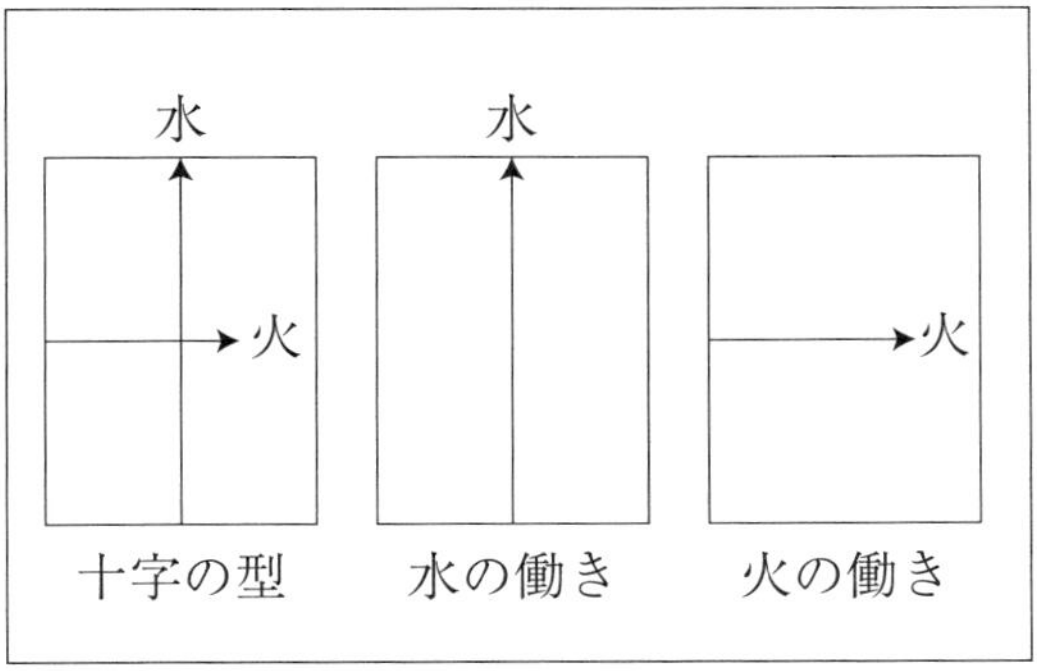

火水の活用

この「火水」という単語は何度もナオのお筆先に出てくる。大本神諭（お筆先）から水と火の関係を調べていくとかなり詳しい点まで分かってくる。

「月の大神さま水をあたえ、日の大神さま火をあたえるぞよ」

このお筆先の一節から、日の大神は即ち火であり、月の大神は水という組み合わせとなる。火と水に関して、王仁三郎は『天祥地瑞《てんしょうちずい》』子《ね》の巻で次のように説明する。

「火は水の力によりて高く燃え立ち上がり、その熱と光を放ち、水はまた火の力によりて横に流れ低きにつく、これを水火《すいか》自然の活用《はたらき》という。火も水の力なきときは横に流れて立つ能わず、水はまた火の力なきときは高く上がりて直立不動となりて、その用をなさず」

普通ならば火は上に昇り縦を示し、水は横に伸びるという組み合わせになると思うだろうが、王仁三郎は『言霊解』の中で、実はそれは逆で、火は本来横に伸び、水は縦に伸びる性質であるとする。一見、矛盾するように思うが、実際は横に伸びる性質を持つ火は水の縦に伸びる力を借りて、火を上に昇らせているのだという。水は川の流れではなく降雨や精乱雲を作る上昇気流に乗る水分子の性質を発想すると分かりやすい。

少し理解に苦しむが、要は火は横、水は縦の逆の形をとると考えた方がいいだろう。

この縦と横の組み合わせが、火水の仕組みを解く鍵となる。

縦と横を組み合わせるとどうなるだろうか。これは十字の形であり、大本で説く縦と横の仕組みとはナオと王仁三郎の型でもあり、どちらか一方では成り立たない。では、この大江山の元伊勢の水のご用と出雲の火のご用は何を意味していたか、お筆先では次のように示す。

「今度の元伊勢の御用は、世界を一つに致す経綸《しぐみ》の御用であるぞよ。もう一度、出雲へ行て下されたら、出雲の御用を出来《しゅったい》さして、天も地も世界も平均《なら》すぞよ。此御用を済《すま》して下さらんと、今度の待望な御用は分明《わかり》かけが致さんぞよ。解りかけたらば速いぞよ。世の立替は、水の守護と火の守護で致すぞよ。世の立替を致すともうして居りても、如何《どう》したら世が変わると云ふことは、世に御《お》いでる神様も御存知はないぞよ。『肝腎の仕組は今の今迄申さぬ』と出口に申してあるぞよ。」

（明治三十四年旧三月七日）

後の昭和十年十二月八日、出雲の宍道湖《しんじこ》のある松江別院で王仁三郎は警察当局に捕縛され、第二次大本弾圧を受けるが、火の型はこの事件を契機にこの丁度六年後の同じ日に日本は真珠湾攻撃で、太平洋戦争の火ぶたを切る。宍道湖の「しんじ」と真珠湾の「しんじゅ」と、音が似通うのも偶然といえばそれまでだが、弾圧の火の手が出雲であがったように、太平洋戦争の火の手は真珠湾にあがり、まさに戦火の火の型が「出雲の火」によって現れたのである。そして、王仁三郎は「出雲は経綸上、重要な意味がある」と弾圧前に記しているが、このことはあらかじめ出雲で警察当局に逮捕されるのを知っていたとしか思えない。

さて、説明を前に戻そう。この火と水の仕組みは次の展開をもたらす結果となる。即ち、そのまま陰と陽の結びはその後の更なる展開として、ナオと王仁三郎の体を借りて三年後に起こる日露戦争後の争いの先走りを演ずることとなる。

●男と女の闘い

出雲のご用が終わると、ナオには天照大神が、王仁三郎には素盞嗚命がそれぞれかかり、『古事記』に記されているとおり素盞嗚命が高天原にのぼり、そして姉君の天照大神と再会しようとすると、自分の国を奪いに来たと誤解した天照大神と口争いする場面をそれぞれが展開した。神がかると、二人はしこを踏み、今にもつかみ合いのケンカのようになるので、親子ゲンカだと近所の人が見学に来るほどだが、ただの口論で終わり、最後には仲直りして本当のケンカにならないため、残念そうに帰ったという。この神がかりが終わると、二人はまるで仲の良い親子に戻るのが、周囲の人には理解できなかった。

「この艮の金神の大本は、よきかがみと悪きかがみとを初発《しょはつ》にだして、世界へ見せるぞよ」

「綾部の大本からかがみをだすぞよ」

この「鑑《かがみ》」としての型こそが大本の持つ雛形経綸である。天照大神は素盞嗚命が高天原にのぼって来たとき、自分の国を奪いに来るのかと、警戒し武装して待ちかまえていた。これが天照大神の型として、（天照大神の直系の天皇直属の軍隊が後に統帥権《とうすいけん》を乱用して）中国で戦局拡大し続ける関東軍の姿と重なり合う。そして、素盞嗚命には戦意がないのを現すかのように、日本政府は大陸での戦局拡大を望んでいなかった。お筆先のとおり、艮の金神の陰からの守護で、日清、日露の戦争は奇跡的大勝利を得、結果的には大陸進出を果たすこととなる。

さて、王仁三郎は出雲参りの後、「神界の経綸漸く完了し　綾の聖地に神気漲《みな》ぎる」と歌を詠み、神のご用が取りあえず一段落したことを示した。火と水の仕組が終了したことを王仁三郎だけは知っていた。

一方、この頃から信者が、お筆先にひんぱんに現れる「立替え」を今年であると信じ込み、家業を放棄して、綾部へ移住する者まで出てくるほど、お筆先を信じる人達が増え始めた。出雲のご用の後には、何か大事件が起こると期待したが、それらしいものが現れないため不平を言う役員まで出ていた。

こうしたなか、明治三十四年頃からたびたびの警官の干渉があり、最後には家の前に巡査が見張り番に立つようになり、信者が寄りつかなくなってきた。これに不安を覚えた王仁三郎はこのままでは教団として経営が立ち行かなくなるため、合法化の手段として長沢雄楯の力で

『皇道会』という法人組織を結成するべくナオに相談した。ナオが神意を伺うと「そのままに打ち捨てておけ」との神からの答えで、王仁三郎の助言に対して取り合おうとしなかった。

しかし、警察の干渉がたびたび行われ、十月十五日（旧九月四日）王仁三郎は困った末に、ナオに無断で静岡の長沢雄楯のもとを訪ね、善後策を講じようとした。

●弥仙山籠もり

このため、十月十九日（旧九月八日）、この王仁三郎の態度に立腹したナオは、綾部から十二キロ離れた弥仙山《みせんやま》（標高五九九メートル）の中腹にある「彦火々出見命《ひこほほでみのみこと》」を祭る於成《おなり》神社の社殿の内へ籠もってしまった。この神社の神職にはあらかじめ役員が交渉して、社殿の使用の許可は取っていた。そして、この弥仙山籠もりは他言無用ということで、役員二名がお供してこの神社までやって来たが、ナオは社殿に籠もる際、二人に「誰も来ることはならぬ」と言い渡していた。

しかし、四方平蔵はどこで話を聞きつけたのか、ナオの身を案じ、十月二十二日にナオのもとに駆けつけた。

「誰も来るなと言ったのに、なぜ来た」

ナオは不興の面もちだった。

「開祖さまのお身上を案じて面会に参りました」

平蔵は叱られるのを覚悟だった。

「なら、一夜だけなら籠もってよい」

ナオはあきらめた様子で平蔵の同伴を認めた。

その夜、十一時からナオは神がかり状態となり、その姿を平蔵はただ平伏したまま祈り続けた。ようやく二時過ぎにナオの発動もおさまり、平蔵は床に就いた。

朝、五時頃、ナオは平蔵を起こす。

「サア、これから不動の滝へ行ってお水をいただいてきましょう」

ナオは平蔵の手を引き、下の不動滝で禊ぎを済ませ、社殿に戻り礼拝を始めると、このとき谷間で大木を倒すようなごう音と地響きで大音響の木霊《こだま》がするので平蔵は驚いた。

「ご守護神がおおぜいでにぎやこうてよろしいなあ」

ナオは悠然と答え、平蔵はナオの豪快さに敬服した。

「平蔵さん、わたしはこれから神さまのご用があるので早く帰って下さい」

ナオにこう言われ、平蔵は安心して山を下った。その後、ナオは再び社殿の中に籠もり、お筆先を書き続けていた。

そして、山籠もりをして一週間経つと、社殿を掃除に来た村人に見つかり、ナオは村人に取り囲まれ、なぜこんなところに来ているのかと問われた。

「世の中が暗がりだから籠もっている」

だが、事情を知らない地元の村人たちにより、平然として言い訳をしないナオは神前に無断で侵入したものと思われ、追い出されてしまう。

ナオは下山後、竜門館の敷地内にある六畳の別荘に籠もりっきり、百日間姿を現さない状態が続いた。

一方、王仁三郎は法人認可の手続きを済ませ、合法的な法人にしようとしたが、印鑑が一つ足りないために、計画をあきらめ、綾部に戻らざるを得なかった。戻るとまたもや王仁三郎の荷物が束ねて片づけられていた。四方平蔵らの仕業である。

ナオのお筆先では、「この綾部の大本を下にいたして、稲荷講社でやろうとは、えらい間違いできた。小松林のやり方では最初にうまいやり方結構なげなが、尻すぼまりとなるぞよ」と降り、この頃から、露骨にナオと王仁三郎との対立を示唆する。

合法的な解決手段を求めて、艮の金神を世に出そうと図る王仁三郎と、稲荷講社の下では認めないとするナオとの対立は、ここに表面化する。そのうえ、お筆先を絶対視する役員たちには、これが格好の王仁三郎排斥の先端の糸口ともなった。

ナオの弥仙山籠もりとは、天照大御神が天の岩戸に隠れた岩戸閉めの型を意味していたとしか思えない。

王仁三郎がナオの意向を無視して、勝手に長沢のもとに手続きに出掛けたことは、高天原で素盞鳴命が暴虐を働いたことに相当する。その結果、天照大神が岩戸に籠もったのが、ナオが弥仙山に籠るのに相当し、「岩戸籠もり」の型に当たる。そして、八百万の神が素盞鳴命の暴虐に対しての高天原からの追放処分が、束ねて片づけられていた王仁三郎の荷物がそれに当たる。まるで、『古事記』のシナリオをナオと王仁三郎が芝居のように展開していく。これが大本の特有の雛形経綸なのだ。

男島・女島開き	↓艮の金神・龍宮の乙姫の出現
鞍馬山詣り	↓善と悪を立て分け、神々に改心を求める
元伊勢（水） 出　雲（火）	↓水と火による世界の浄め
弥仙山籠もり	↓天照大御神の天の岩戸隠れ

神業とそのご用の型としての意味

この二人の対立は、お筆先によると、『この争いは神と神との戦いであるから』『日本と外国の戦いが綾部の大本にはして見せるから、男子（ナオ）と女子（王仁三郎）との戦いで世界のことが分かる大本であるぞよ』と世界と日本の戦い、日中戦争と太平洋戦争の型を先がけて神がかりの形で示している姿でもあった。

●九月八日の謎

ナオの弥仙山籠もりの日であるこの九月八日は、大本では実は重要な日とされている。表鬼門の艮の金神の男島・女島を開いた型のように、後の大正五年に裏鬼門の坤の金神の隠遁した瀬戸内にある上島を開いたが、その年の旧暦の九月八日には再度、ナオと共に上島開きに出掛けている。

また大本第一次弾圧から保釈された王仁三郎が、ナオのお筆先に代わる聖典『霊界物語』の口述を決意したのも大正十年の旧九月八日である。また、昭和六年九月八日には綾部の聖地本宮山に三本の歌碑を建立させ、十日後に中国で戦火があがると予言し、現実に満州事変が勃発した。そして、昭和二十年九月八日に第二次大本事件は大審院によって無罪が確定している。

これほど大本では九月八日を重要視しているが、その理由を王仁三郎は、「九月九日は菊の節句であり、これに先だって一日早く行うのは、何事にも世の中の先端を切り実行するため、九月八日の仕組みである」と説明している。次の文章では、「また、大本の聖地、本宮山については別名桶伏山とも言い、神威を隠している状態を示している。そして、桶伏山から亀山（亀岡）まで山の峰が丁度九十九あり、九十九《つくも》折《おり》の神の経綸である」と結んでいる。九月八日の日にわざわざ九十九の数字を引き合いに出している王仁三郎の意図はどこにあるのか。まるで、九月八日が実は九九であるとほのめかしているようにしか思えない。九分九厘は逆から見ると一厘を残す形となる。すると、九月八日には実は一厘の仕組みが隠されていることにもなる。

例えば、大正十年に大本第一次弾圧で収監された王仁三郎は保釈の身で無断で満州に渡り、後に本国に送還され、再び入監され出獄するまでの日数は九十八日である。九八という数字は、そのまま九月八日を連想させる。それほどまでに、大本では九月八日にちなむ現象が現れる。後述するが、この投獄の意味は、この九十八日という数字をヒントに解かれるのである。

ではナオの岩戸閉めのご用上、この九月八日の意味はどのような型の意味を持つのか。明治政府誕生と共に明治年号に切り替わるのが、この九月八日の日付である。そして、第二次大戦終了後、日本が再び独立国家としての道を歩むのが、昭和二十六年九月八日である。明治政府の誕生は旧九月八日に始まり、新暦の九月八日に日本の民主国家としての独立を遂げ、明治政府はここに消滅する。その型のご用が、ナオの岩戸閉めであり、明治政府はナオが於成神社に籠もったとおり「この世は暗がりの世」であり、この明治維新に誕生した明治政府とは、実はお筆先で云う「ウソでだました岩戸開き」で開いた、帝国主義・植民地主義政策をとる明治政府なのだ。

「まえの天照皇大神宮どののおり、岩戸へおはいりになりたのを、だまして岩戸を開いたのでありたが、岩戸開くのがうそを申して、だまして無理に引っぱり出して、この世は勇みたらよいものと、それからは天《あめ》の宇受女命《うずめのみこと》どののうそが手柄となりて、この世がうそでつくねた世であるから、神にまことがないゆえに、人民が悪くなるばかり。」

（明治三十八年旧四月二十六日）

『古事記』の岩戸開きの段では、天照大神が岩戸に籠もり、この世は闇となり、この世を再び明るくさせるために、八百万神《やおろずのかみ》が相談の末、あるはかりごとをする。まず、八百万の神が集まり、そして天宇受女命《あめのうずめのみこと》が裸舞いをして、神々は笑うなどの大騒ぎをしていた。その騒ぎを耳にした天照大神が、自分が岩戸に隠れたため、この世が闇になり、困っていると思っていた。しかし、その予想に反して、賑やかな声が聞こえるのに不審を抱き、少し隙間を開けて覗き込み、その訳を尋ねた。すると、質問を受けた神は、「あなたよりも素晴らしい神さまが現れたので、我々神々はこうしてお祝いしているのです」と答える。

どんな神なのかと天照大神が興味を覚え、覗き込む顔の当たりに鏡を置き、そしてあたかも自分のような神が見えるのに好奇心を駆り立てられる。

そして、もっとはっきり相手の顔を確認しようと、扉の隙間を広くしたとき、神界で一番腕力のある手力男神《たぢからおのかみ》が、岩戸を開け、とうとう中にいた天照大神を岩戸の外に連れ出してしまう。これが『古事記』の天之岩戸開きの話である。

しかし、これはお筆先によると、神をだました岩戸開きであり、本当の岩戸開きとは、再度後に弥仙山参りをナオが行うが、次の岩戸開きこそが真の岩戸開きであるという。

では、この九月八日とはナオと王仁三郎の構図ではどのような因果関係があるのだろうか。これを解くのが王仁三郎七十七歳と、ナオ八十三歳の享年年数である。明治元年から昭和の終戦までが通算七十七年、そしてサンフランシスコ条約締結までを数えると八十三年とナオと王仁三郎の寿命とがぴったり合致する。これをみても縦と横の機の仕組みで大本の経綸は見事に実演されている。一説によると、大本教団側はナオの誕生年を一八三七年と表記しているが、これは陰暦を陽暦に直すと、一年のずれが生ずるためである。すると、ナオは満八十一歳で亡くなったことになる。だが、この見解でも九九、八十一となり、ナオは九分九厘の型を示していたことにもなる。

さて第二次世界大戦の終焉で、大日本帝国は崩壊した。この帝国の誕生の明治元年九月八日が一度目のウソの岩戸開きである。その世は「暗がりの世」であったかのように、二度目の岩戸開きに当たる、大日本帝国の崩壊により、まるで今までの封印が解けたかのように多くの神々が出現する。これが戦後の日本で「神々のラッシュアワー」とも呼ばれるほど、多くの宗教団体が出現した。

さて江戸時代末期には、教派神道十三派の中の、金光、黒住、天理の諸教派が出現するが、これはお筆先では、「先走り」であるという。しかし、これらの教派は残念なことに、「神の取り次ぎが違う」から、「艮《とどめ》」に大本が出現したという。

その意味では、江戸幕府崩壊は艮の金神の復権運動であったが、これは第一の岩戸閉めの型である。一度開いた岩戸が閉じたことから、復権運動は失敗したことになる。その理由については終わりの方で触れるとしよう。

●弥仙山参り

王仁三郎の大本内部での役員達の干渉と妨害がなくなるまでには、まだまだ世継ぎの誕生を待たなければいけなかった

明治三十五年（一九〇二）三月七日、王仁三郎とスミとの間に長女直日が出生した。ナオはスミが直日を懐妊したとき、「このたびは木之花咲耶姫《このはなさくやひめ》の宿れる女の子が生まれて世継ぎになる」と言っていたが、果たしてそのナオの言葉のとおり、女子の出産である。

その翌年の明治三十六年には、王仁三郎とナオとの間の神がかりによる対立も徐々になくな

る。そして、お筆先はその現象を次のように示す。

「これからは男子と女子とが和合ができて、四魂（ナオ、王仁三郎、金勝要神、竜宮の乙姫）そろうてのご用となりて、一つの道へ帰りて、このなか楽にご用ができるぞよ」

（同年旧四月二十七日）

この神示のとおり、もう二人の神がかりによる対立はなくなり、王仁三郎とスミは続いて次女むめ乃、三女八重野、四女一二三《ひふみ》、長男六合大《くにひろ》、五女尚江、次男相生《あいおい》、六女佳ノ江と子をもうけ、まさに和合の形をとるような平和な日々が続いた。

ナオ一家の平和な生活と裏腹に、日本の状況はロシアとの戦争に備え、二月には日英同盟が成立し、ロシアに対抗する外交に転じた。ロシアは日英同盟成立の二ヵ月後、満州を清国に返し、三回に亘り六ヵ月おきに撤兵する条約を結び、対立は回避したかのように思えた。しかし、一回目の撤兵の後、その後の撤兵は実行せず、ロシアは逆に兵員の増加と要塞化を始め、ロシアの勢力が日々増加するのは必至であった。

翌年三十六年（一九〇三）、五月二十四日、世継ぎを授かったお礼参りを兼ね「弥仙山参り」が行われた。このご用は特に重要視され、ナオはスミと王仁三郎に一週間前から水行を命じていた。

そしてかつてナオの弥仙山に籠もって以来、岩戸が閉まり、「暗がりの世」であったのが、この度の弥仙山参りによって真の岩戸が開き、日の出の世となるというお筆先が示された。

その「暗がりの世」を象徴するように出発の際、神前に点けておいた灯火を消さず、正午を合図にその灯を消し、闇夜が終わったことを現した。

この岩戸開きこそが、昭和二十六年（一九五一）九月八日サンフランシスコ条約で日本が終戦後に独立した型であり、本当の岩戸開きの現象でもあった。この弥仙山参りの年からサンフランシスコ条約の締結までは四十九年目であり、一週間前からの王仁三郎夫妻の水行は七日間であり、夫婦それぞれ七回ずつ、つまり七七《しちしち》、四十九となり、七の数字を二度重ねている。すると弥仙山参りの神業は、実は王仁三郎の享年年数七十七歳を現していたことになる。つまり王仁三郎の人生は、第二次世界大戦の型と深く関わっているとしか思えない。

この仕組みでも、一週間に亘る水行が、水の仕組み、神前に供えた灯火が火の仕組みであり、火と水は経綸上つねに一組となって実演されている。

これが太平洋戦争で火の洗礼として現れた二個の原爆投下であり、そしてその直後山陰一帯を二度襲った集中豪雨が水の洗礼である。二個の原爆投下と二度の豪雨は、即ち二度の岩戸開きを意味していると見るならば、この二という数字もまた重要なヒントになっていることが分かる。

お筆先では『こんどは木の花咲耶姫どのが、世に出ている神さんと、世に落ちておりた神との和合させる御役を、神界から仰せつけてありたのたぞよ』と示され、和合の型であると示されていた。

この和合の型は、今まで天照大神と素盞鳴命との対立から和合へと変わり、この和合の結びにより次の型を現すものでもあった。事実、王仁三郎の神格はこれ以後、お筆先では「こんど岩戸を開くには会長は坤の金神に守護が変わりて、善一すじの道に立ち帰りて、出口王仁三郎《おにさぶろう》と名をいたすから」（旧四月二十七日）と示される。表記上、今まで王仁三郎に統一してきたが、冠島開きによる艮の金神の出現の型を示した時点で喜三郎《きさぶろう》を改め、鬼三郎《きさぶろう》と名乗っていた。しかし、このとき以降、名前を王仁三郎と改名する。

お筆先では王仁三郎には眷属神として小松林命がついていたが、これ以後坤の金神という新たな神格が付与することになる。この変化を見ても次の展開となるのは分かるが、この改名も改神の一つの型である。

神から命名された鬼三郎の鬼という字には、いいイメージがない。第二次世界大戦終了まで、大本は不敬罪により、二度の弾圧を受け、王仁三郎は罪人となり逆賊という汚名を着せられることを、この「鬼」の字により暗示させていたのである。そして、一転して無罪となったこと

型（ナオ）の世界			現象世界	
弥仙山籠もり	明治34・9・8	（1回目）岩戸閉め	明治維新は艮の金神の復権失敗	江戸幕府崩壊
村人の手で神社より追放される	一週間後	（1回目）岩戸開き（ウソ）	大日本帝国誕生（帝国・植民地主義に走る日本）	明元・9・8
再度自宅の離れに籠もる	百日間	（2回目）岩戸閉め	太平洋戦争で敗戦	昭20・8・15
二度目の弥仙山参り	明治36・5・4	（2回目）岩戸開き（真実）	サンフランシスコ条約締結（民主国家日本誕生）	昭26・9・8

を、後の王仁三郎という改名によって型を示していたと考えた方が分かりやすい。

また、王仁三郎は自分はオリオン星から来たと語っているが、事実王仁三郎の背中には、オリオン星座同様の配置でホクロが点在していた。だが、このオリオン星座の形を漢字にすると、因という字になり、囚人を示す形となり、第一次弾圧、第二次弾圧で王仁三郎が入獄されることを暗示していた。

表鬼門の艮の金神の出現の次に、二度目の岩戸開きで、最後の仕上げとして裏鬼門の坤の金神の出現により、陰と陽が揃うことになる。だがこの時点では単に王仁三郎は坤の金神の役が与えられただけで、最終的には大正五年、坤の金神の隠遁したとされる「上島開き」のご用まで待たなければならなかった。

この弥仙山参りの型は、最終的な仕上げとしての大日本帝国としての国家の転覆であり、「我れよしの獣の取り合いの世」である植民地政策の終わりを告げ、帝国主義の終焉を告げるもので、帝国主義の崩壊により、民主主義国家日本の誕生という第二の岩戸開きの型の実演であった。

未来に現実として起こることを、一見すると意味不明な型で現しながら、実際に現象が我々の世界に起こって初めて、型の実演が実は未来に起こることを先走りという形で示していたということに、気が付くのである。

●日露戦争勃発（女島籠もり）

ついに明治三十七年（一九〇四）、二月八日、日本は仁川に停泊中のロシア艦隊を奇襲し、ここに日露戦争の火ぶたは切られた。ロシアとの交戦の報は、お筆先の実現であると大本の幹部たちは勇んだ。

明治三十八年（一九〇五）、日本艦隊は一体日本近海のどこでバルチック艦隊を撃沈するべきか、論議の最中であった。津軽海峡を通過するのか、果たして対馬海峡を通過するのか、参謀本部の作戦方針はこの二つをめぐって意見が分かれていた。

そんな状況下で、五月十四日、ナオにとって最後の「女島籠もり」を他二名の役員を従えて、二十日間という長期のご用を行う。神からはこのご用は、「変性男子（ナオ）の行あがり」、「艮《とど》めの行」とされていた。

しかし、このご用は五月二十五日の十日間目に神に「もうよい」と言われ、その言葉にナオ一行は帰路についた。果たして、ナオが島を引き上げたこの日、連合艦隊参謀本部の秋山真之《あきやままさゆき》中佐は、作戦会議の海図上の対馬海峡方面に霊視でバルチック艦隊の姿を見せられる。この不思議な光景に、秋山はバルチック艦隊の針路は対馬海峡を通過すると確信し、東郷元帥に進言した。こうして、バルチック艦隊の通過は対馬海峡であると決まり、連合艦隊は総力をあげて対馬海峡での会戦に臨んだ。二日後、日本艦隊はこの光景のとおり対馬海峡でバルチクック艦隊と遭遇し、この艦隊を全滅させ、奇跡的大勝利となった。

ナオの女島でのご用納めの日に、秋山参謀に見せたこの不思議な光景は、まるで艮の金神が守護しているとしか思えない出来事であった。後年、自分が見せられた光景がナオの女島でのご用納めの日であったことを知り、秋山は大本に入信する。

これほどナオのご用とは、一件謎に包まれているが、こうして明治三十三年（一九〇〇）の「冠島・沓島」開きに始まり、明治三十八年（一九〇五）の「女島籠もり」がナオの最後の

「艮めのご用」となり、以後女島でのご用は途絶えた。

日本軍は、明治三十七年十二月には二百三高地でロシア要塞を激戦の末陥落させ、奉天会戦を奇跡的に勝ち進み、このバルチック艦隊の壊滅という快挙に、ついにアメリカの仲介で、明治三十八年九月五日のポーツマスの講和条約により日本の勝利となった。

またもや、ナオのお筆先の的中により大本幹部たちは日本の勝利に沸いた。そして幹部たちは、このまま、お筆先の示す、三千世界の立替え、立直しの時期に入るとの期待が深まった。

ナオがお筆先を通じて予言を発表して、幹部信者たちに熱狂的に迎え入れられるほどに、ナオのお筆先を信奉する役員達の占める教団内では王仁三郎の真価は、逆に不遇な扱いを受けた。まず、明治三十五年からこつこつと自分なりに、教学の整備のための教義を漢字まじりの文章で書きためていたが、お筆先を盲信する役員たちには、お筆先が平仮名で大部分が書かれていることから、漢字は「唐」の文字であり、それがお筆先の示す「外国のやり方である」と映った。

そのため、王仁三郎の著作は、明治三十六年と明治三十八年の二回に亘って焼却されてしまう。それほどに、迷信的な考え方を持った役員たちが、王仁三郎のすることに対して妨害していた。王仁三郎は決してナオのような霊能力がないという訳ではなかった。王仁三郎自身、本田霊学によって大成した鎮魂帰神を病人の治癒のために実演できたが、ナオを取り囲む役員達の前にはそんなものは稲荷を使っているとしか見えず、全く意味をなさなかった。

これだけ役員たちから迫害に遭いながらも、王仁三郎はなぜ大本にとどまる必要があったのだろうか。王仁三郎ほどの霊能があれば、別に一派を立て独立しようと思えばそれも可能だったはずである。だが、じっと辛抱強く、自分の出番を待つ王仁三郎には、高熊山での修業の際に示された神との約束があった。その実現のためにナオのもとにいるのであり、大本という雛形の地場以外は、神との経綸上、ナオと王仁三郎による縦と横の仕組みは実現不可能であったからに外ならない。

艮の金神としてのナオの役目が終わって初めて、次の段階として王仁三郎の坤《ひつじさる》の金神としての役目の実演こそが、ナオの「艮《とどめ》」の行に続く、新たなる展開となる。

●ナオから王仁三郎への型の移行

日露戦争の予言の成就の後の次の立替え、立直しの予言が実現しないことに、信者、役員の熱も冷め、大本を去り、参拝者も寄りつかなくなった。まるで大本は嘘のように静まり返った。

「信者が来ないんや」

王仁三郎がそう呟くほど、家計を支える布施が集まらなくなると、こうなっては生活もままならない。

そんな困窮の中でも、王仁三郎はひとつの夢を描く。来るべき大教団としての大本の運営のための準備期間として、妻子を残し、綾部を飛び出す。

そして、明治三十九年（一九〇六）九月、京都の皇典講究所に入学した。一時神主になってでも時節を待つという覚悟での転進であった。明治四十年三月三十一日、王仁三郎は二年の課程を僅か半年で終了し卒業する。異例のスピードであった。王仁三郎は、五月には京都府の別格官幣社健勲神社に奉職し、個別訪問による布教をし、その説教を聞いた人が王仁三郎のもとを訪ねてくるようになった。これが、宮司の耳に入り、叱責され、これが機縁となって十二月には同神社を辞任した。

しかし、かねてから王仁三郎の説教と治病の腕前を耳にした御嶽教《みたけきょう》に招かれ、伏見稲荷の御嶽教西部教庁の主事となり、王仁三郎は教派神道の実態を掌握し、自分なりに将来の教団経営の研究を怠らなかった。一方、王仁三郎が出て行った綾部は、まるで火が消えたように、人が寄りつかない状況となった。その留守を役員たちがどうにか縄ないや人夫をやりながら、教団経営を維持し続けていた。

翌明治四十一年（一九〇八）三月、大坂大教会詰勤務となった王仁三郎は、ナオの神を公認の宗教として合法化を勝ち取ろうと苦心、大成教の直轄としての『直霊《なおび》教会』を設立し、これまでの『金明霊学会』を、『大日本修斎会』として八月に再編成し、十一月には御嶽教の一切の職をやめ、帰綾した。十二月には、『大成教直轄直霊教会』の開教披露式を挙行。この日の参拝者は百名余りのものであった。王仁三郎の手腕は、これ以後徐々に発揮され、教勢は続々と伸びた。

明治四十四年一月三日、王仁三郎は島根の出雲大社教を訪問した。これは、警察の圧迫が激しいため、直霊教会を合法的な大社教霊社の分社とする手続きを行い、警察の干渉をなくするためであった。だが、この出雲大社教に所属することが、王仁三郎が実は素盞嗚命の性格を強く伴なうことになるとは誰が予想していただろうか。同月二十六日祖霊分社の許可が下り、表向きには『大社教本宮教会本院』と称するようになった。

出雲訪問直後、王仁三郎は正式に婚姻届けを綾部町役場に提出し、上田姓を改め、正式に出口姓を名乗り、二月には出口家の当主ナオが隠居、王仁三郎がいよいよ家督を継ぐ。これによってかつての役員たちの排斥運動の頃からみるならば、王仁三郎の教団内の地位は安定したことになる。

明治四十五年(一九一二)四月、ナオ・王仁三郎一行百二十四名は伊勢神宮を参拝。ナオはこの参拝の直後、お筆先の中で「世の変わり目の金輪際のおり」と明治の時代の終末を予言する。事実七月三十日、明治天皇の崩御で大正という時代を迎えることになった。そして、神がかり以来、日夜欠かさなかった水行をナオはやめてしまう。これは、「水」のご用が終わり、次の「火」のご用の王仁三郎の時代の幕開けでもあった。

大正二年（一九一三）七月、大日本修斎会の会則を「大本教教則」として発表。「大本」という名称が、教団として初めて正式に規則として使用されるようになり、大本教としてのスタートを切る。

●金竜海の池の造営

大正三年（一九一四）二月、金竜殿と統務閣のくわ入式が行われ、九月から本格的な建設が始まった。この新築工事と並行して、神苑内に王仁三郎は「竜宮の乙姫さんの池を掘る」と宣言した。これは明治三十七年旧十二月十八日のお筆先で「竜宮の乙姫殿には、お住まいなさる、お遊びなさる所をこしらいて上げますのざ」と示されてから九年後、初めてそれが実現されることとなった。

ナオにしても、王仁三郎にしてもこの金竜海は重要な意味を持つものであった。金竜海は、池の中央に冠島・沓島の雛形を配し、大八洲《おおやしま》（日本の意）も表わしたもので、三千坪の大きな人工池である。

八月八日には地鎮祭が執行され、池の開堀が始められた。その場所は、王仁三郎がかねてから思案していた大事な所で、野菜畑であったその地を入手して以来、雑草が生え繁るままにしていた。それを見たスミが堆肥を撒き、畑にしようとしたが、その野菜の芽を王仁三郎が黙って抜く、するとスミはまた植える。王仁三郎には、金竜海としての大事な場所に人糞などを撒かせてはならない、という考えからこうしてスミの仕事を邪魔するのであった。

そんな争いを繰り返した場所が、そのような構想のもとに計画された所であったのは、王仁三郎の胸中が明らかにされるまでは、家人までも知らされていなかった。身内に対しても神の経綸を漏らすと、妨害に遭うとの考えから、誰にも大事なことを漏らさない姿勢は生涯貫き通された。王仁三郎は、教団の全精力を注いでこの池の造営にあたった。

だが、綾部の人たちはその光景を冷ややかに見て、口々に言い合った。

「アホとちゃうか、この辺は底が一枚岩の岩盤や。大本の人間は、ほんま何考えているのや」

町の人たちの陰口をよそに、信者たちの奉仕によって池は掘られたが、地面の下からは水などは湧く訳がない。それを承知で王仁三郎は、陣頭指揮を取り作業が進められ、九月二十六日には沓島・冠島が完成した。

しかし、奉仕の作業に追われる信者たちの表情は不安に満ちていた。無理もない、四、五尺も掘り下げれば綾部特有の一枚岩に突き当たり、池を掘っても肝心の水がない。その上、高台に位置した場所にどうやって水が溜まるのか、池完成の後の不安は消えることはない。

スミが不安のあまり忠告しても、王仁三郎は「神さまが掘れ言われるさけ掘るだけじゃ」と言うだけだった。

果たして、綾部町の記念事業として、通水溝を造る関係で、水路として金竜海を通さなければならなくなった。水のない金竜海に水が注がれる、この知らせは不安と疑念にあった信者たちの気勢を盛り上がらせた。十一月十六日、町の通水路が完成し、池にはきれいな水が注がれた。

「ほんま、会長さんの言うとおり、水が注がれた」

奉仕にあたった信者たちは、空の金竜海に注がれる水を見て、うれしそうに口々に言い合った。

この光景を眺めていた王仁三郎は、スミに呟く。

「この竜神さんの水が、まず綾部の町の汚れを洗い清め、やがては水と火で世界の泥をすすぐのじゃ」

それほど王仁三郎は、この池の完成に力を注いだのであった。金竜海の完成、それは仕組み上、水のご用の完成である。

●第一次世界大戦勃発

この金竜海に注がれた水に火が呼応しているかのように、第一次世界大戦の戦火の元凶となる、オーストリア帝国の皇太子夫妻が、この年の六月二十八日、ボスニアの首都サラエボでセルビア人の一青年によって暗殺された。発端はオーストリアが先に陸軍による大演習を行い、それが隣国のセルビアを刺激した形となった。この領土は、民族的にはセルビア国と同じスラブ系の民族主義者たちが多く、これが反感を招いたために起こった暗殺であった。

この事件を契機にオーストリア政府はセルビア国への圧迫を強め、ついに二ヵ月後の八月に第一次世界大戦に発展し、初めての世界の国同士の大戦となった。この戦争は表面上はオーストリアの皇太子夫妻の暗殺から始まっているが、列強の植民地の利権をめぐっての戦いでもあった。日本も中国における利権拡大を目指し、日英同盟を理由にドイツ側へ八月二十三日に宣戦布告し、山東省のドイツの利権と独領の南洋諸島を占領した。

そして、大戦中で中国における列強の勢力の一時後退の隙をついて、翌大正四年（一九一五）一月十八日、日本は対華二十一ヵ条要求を中国にせまり、日本の中国大陸での優位性を強めようとした。

時の中華民国総裁袁世凱《えんせいがい》は、五月九日その要求の大部分を認める形で屈服した。この要求は中国国内では国民の反日・排日の運動を煽り、後の日中戦争の一因ともなる。日本は列強と同様に植民地の拡大に乗り出し、日本の立場を強めようとしていた。

この帝国主義として日本の取った方針をナオのお筆先の中では次のように示す。

「旧道《きゅうみち》と新道《しんどう》と道が二つにしてあるから、どちらの道がよいやらと、いま迷う信者がでけるぞよ。旧道が、昔にもどるまことのひとすじ道、いまでは辛いなれど、まことをたてるは辛いとこを、いったん耐《こば》らねば、まことが分かりてこんぞよ。

新道の道が、これまで世に出ておいでる神の道、しほうだいにいたして、世をもち荒しなされた楽な道が、新道みちざぞ。楽なうまいことざと思うて行きよると、行きあたりて、あともどりいたすが新道のみちであるぞよ」

日本の取った道が帝国主義、植民地主義政策であり、それはまさにナオの言う、し放題の道であり、この帝国主義が第二次大戦の敗北により、「あともどり」、つまり丸裸になった日本の姿でもあった。ナオのお筆先は、明確に日本の将来の姿を予言していた。

●上島開き

戦火はヨーロッパ全土に拡がり、戦況は激化を極めているなか、日本はその戦いから漏れたようにつかの間の平和をむさぼっていた。

大正五年二月、王仁三郎の霊眼に、坤の方面の沖合いの海の中に、焙烙《ほうろく》を伏せたような一つの島を見た。

「小さな島が見えてしようがない。どこかで見たことのある島や。松が一本きりしかない丸い島や」

王仁三郎は懐かしそうにスミに語った。そして、その夜、王仁三郎の右目下が疼き腫れ上がった。そして、その塊のような痛みは四十八日目に下に移動し、歯ぐきの下から一つのシャリの形をした骨となって出てきた。その形は霊眼で見せられた島の姿そのままであった。ここにも、イロハ四十八文字で示すとあるお筆先のとおり、またこの数字が示される。

王仁三郎はその骨を小箱に納め、信者に渡し、この形と同じ島の探索を命じた。探索が始まり、六月初旬、播磨灘に目指す島を発見する。その島は、上島、別名牛島ともいい、高砂市の南西沖合い約六海里半に位置し、直径約半キロ・周囲約四キロほどの岩の多い無人島であった。

この島を昔から地元の人々は、竜神が棲むとも大蛇がいるとも云っていた神秘の島である。

六月二十五日、王仁三郎一行六十三名はナオを残し、三隻の舟に乗り、目的の島へと向かった。一行の姿は、一般の人の目を引く光景であり、男も女も子どももすべて和服の上、刀を持つ者すらいた。一際目立つのは、王仁三郎の女装の姿で、長い髪を中央で分け、頭上に大きく髷《まげ》を結わえ、残った髪を背と肩に流し、念入りな女化粧に赤・白・黒三枚の裾《すそ》を重ね、帯は前で結び長刀を腰に差していた。

神島（『霊界物語』より転載）

午後三時、磯岩づたいに渡る王仁三郎のあとを追って全員が上陸した。まず、山頂に一面に生い茂る矢竹を切り払い、六十名の人間が座る空き地を作った。
そして、綾部から背負ってきた祠《ほこら》を正面に置き、王仁三郎が岩笛を吹き鳴らす。王仁三郎の霊示では、この島こそが坤の金神が三千年余り隠遁していた島であった。女竹を取って弓矢を作り、王仁三郎は一同の合掌の中、四方に矢を放ち、邪気を射放つ型を演じた。そして、坤の金神の鎮座を願って式典が行われ、坤の金神を世に出す型を行った。だが、坤の金神の出現は、この放たれた矢が戦いを意味するように、第一次世界大戦が終った後、日本を日中戦争、太平洋戦争へと引きずり込まれていく。

王仁三郎の弓の実演の型としては、戦争の先走りとしてよく現れている。例えば、大正元年から二年にかけて大本神苑内二カ所に弓射場を設け、毎日のように王仁三郎は弓を射る。その腕前とは、八分から九分という強度の弦を使い、その命中率は百発百中という腕前で、その道の大家ですらも舌をまくほどだった。

衆人には娯楽として射るようにしか見えない弓射も、大正三年に入るとピタリと止めてしまう。その訳を尋ねると、王仁三郎は次のように答えた。

「アッハハハ、わしが遊んでいるように思っているのじゃろうな。わしが弓を引いているのは、世界が戦争をする型を示されているのじゃよ。神さまがわしを使っているのじゃよ。今に戦争じゃよ」

その言葉のとおり、大正三年に第一次世界大戦は始まっている。王仁三郎は型の先走りという神業をこのときの放った弓で示していたのである。

帰還の舟の中で王仁三郎は、男装の姿に戻り、六月二十八日帰綾した一行は、まず竜門館に祠を安置する。統務閣の自室に入った王仁三郎は、再び女神の姿になり、ナオと対面した。

『坤の金神さま……』

ナオは驚きの声を上げ、王仁三郎の姿を見た。無理もない、ナオについた艮の金神は、夫神国常立尊であり、王仁三郎の演ずる坤の金神は妻神豊雲野尊《とよくもぬのみこと》で、三千年前離ればなれになり、久しい対面であった。筆先に示された王仁三郎の坤の金神との再会は、ついにこのとき実現した。

明治三十二年のお筆先には、この艮と坤の金神について次のように記されている。

「金神が艮と坤とへ立分けられて押込まれて、長らく苦労いたしたぞよ。これから鬼門の金神、裏鬼門の金神と夫婦が表に現われて、出口の神におんれい申すのざぞよ。

これからは夫婦となりてご用をいたさすぞよ。昔はこの身魂は夫婦でありたぞよ。今は親子となりて、夫婦のご用をいたさすぞよ。」

（旧八月二十一日）

「今は親子となりて、夫婦のご用をいたさすぞよ。」とあるとおり、その当時は義理の親子としてのナオと王仁三郎が夫神艮の金神と妻神の坤の金神となり、ついに夫婦再会のご用を果たす。こうして、艮の金神と坤の金神はそれぞれ杯が交わされた。これ以後、大本ではこの「上島」を「神島」と称す。

九月八日、王仁三郎は役員五名を従え、二度目の神島へと向かう。そして、深夜一時、神の命ずるまま到着。そして、明け方この島で、金剛不壊の宝珠と紫の珠を見つけた。王仁三郎は、

神島開き（『霊界物語』より転載）

帰綾後、これらの神宝の珠を金竜海の大八洲神社に仮遷座した。天地和合の形を示すこの珠は、もっとも大事な場所に保管された。だが、この珠の出現とは、別の神格の誕生を意味する型の先走りであることは、誰も予想できなかった。

九月十二日、この奉安された珠を祭る大八洲神社にナオが参拝すると、二代目スミが神がかるという現象が現れた。

十月四日（旧九月八日）には、再度大本での神島参拝が行われた。このとき、ナオを始め、王仁三郎夫妻他出口家が九名、七条駅から揃って乗った一行の数が九九の八十一人、しかもナオの年はそれに合わせたように数えの八十一歳。そして、十月五日（旧九月九日）朝二時、高砂港から上島へ向かった舟の数は大小合わせて九隻。九の数字の巡り合わせが続いた。

港で合流する参加者は百数十名に膨れ上がっていた。港に着いた頃から、なぜか王仁三郎は終始無言のまま筆で色々と指示を発する。この際、王仁三郎より先に上陸してはならぬと厳命があったが、神島に到着するや、一人の男が、その禁を破るように砂浜に駆け出した。ところが、浜に降りるとすぐに禁を破った男は弓なりに背中を反らしもがく。王仁三郎が男の足から顔にかけて自分の左足を上げ、逆撫でをすると、男はやっと元の状態に戻った。

騒ぎもおさまり、新たに作られた祠に坤の金神を祭り、王仁三郎が剣を使い、大祓いの神事を実演した。祭礼が済み、砂浜で参加者が朝日に手を合わせていると、松の枝が二本崖から砂浜に落ちてきた。一同見上げると、崖の上には王仁三郎が立っている。すると、二歳になる王仁三郎の五女の尚江《ひさえ》がよちよち歩き出し、その枝を拾い上げるとホウキのようにして掃き始めた。それに応ずるように、今度は四女一二三がもう一つの枝を持つと熊手のようにかき集める真似をした。まるで、結婚式で歌う「高砂の松」の尉《じょう》と姥《ばあ》の型である。後年、王仁三郎の降ろした神諭の中で、世界を掃き清めることだと示しているが、この神業による不思議な出来事はこれだけで終わらなかった。

●ミロク菩薩誕生

神島開きを終えたその日、大阪の役員の家に宿泊したナオ一家に異変が起こる。離れの二階で無言のまま神像を描いている王仁三郎と、対照的にナオは降りるお筆先の内容に目を疑った。

「みろく様の霊はみな神島へ落ちておられて、未申《ひつじさる》の金神どの、素盞嗚尊《すさのおのみこと》と小松林の霊がみろくの神の御霊でけっこうな御用がさしてありたぞよ。みろく様が根本の天の御先祖様であるぞよ。国常立尊は地の先祖であるぞよ」

弥勒《みろく》菩薩とは、シャカ入滅後、五十六億七千万年の後に下生し、人間をすべて救済するとされる未来仏で、このミロク信仰は広く中国、朝鮮、日本で、理想の世界をもたらす救世主として信じられていた。サンスクリット語ではマイトレーヤーといわれ、ギリシャ、ヨーロッパのミトラ信仰と同一と思われる。

王仁三郎についた、ミロク菩薩という神がナオの艮の金神よりも偉い身魂であるという事実にナオの王仁三郎に対する今までの偏見を、役員、並びにナオ自身も大きく考えあらためなければならない結果となった。

艮と坤の金神の出会い、それはまさにお筆先に「時節まいりて経緯《たてよこ》そろうて、この世の守護いたすから、ものごとが早いぞよ。この艮の金神は、まつすぐをつらぬく神ざぞよ。坤の金神は緯《よこ》ざ。ものごとそろわな、なにも物事成就いたさんぞよ」とあるとおり、縦と横の結びによる、新たなるミロク菩薩の神格の誕生でもあった。

かつては、「小松林殿改心してくだされよ」というお筆先が降ろされるたびごとに、旧役員がこぞって眷属神の小松林が王仁三郎についていると、嫌がらせ、妨害を行ない、皆が改心いたしてくだされと神示が出るたびに、ナオその他役員一同が水行に励む中、一人寝そべって水行に参加しない王仁三郎。洋服は外国のものだからいけないというのに、得意そうに背広姿で現れた王仁三郎。すべて、ナオに反したような態度と映り、誤解を受けてきた王仁三郎だが、ここに一つの転機を迎えることになる。小松林の神格は、ミロク菩薩へと改神するのである。

お筆先に「いままでは経《たて》のご用が骨がおれたなれど、この先は緯《よこ》のご用が多くなるぞよ」とあるとおり、王仁三郎はこの緯《よこ》の役目をになうかのように、以後活躍の時代を迎える。

明治二十五年に神がかったナオの教えは、この時期になると大本というマンモス教団にまで成長していた。当時、大本は多くの人を二つの意味で引き付けていた。まず一つには大立替えという世直しの予言がそれに当たる。ナオはお筆先を通じて多くの予言が神から降ろされるようになり、今までに日清戦争、日露戦争の予言を見事に的中させ、衆人の注目を引いていた。今に世の中は変わる。大峠が来るという急激的な立替え思想が多くの民衆を魅了させ、この立替えの予言の信奉者を率いる形で大本は急激に伸びていく。

そして、もう一つには王仁三郎による鎮魂帰神の霊学が、神霊の実在を人々に納得させるには充分な効果があり、布教の一役をになっていた。この二つを軸として大本は飛躍的な成長を遂げていた。

大正五年、当時海軍機関学校の英語の教員であった浅野和三郎《あさのわさぶろう》が、ナオのお筆先を実見して、その文体とナオの人柄に惚れ込み、退職して入綾する。そして、知的階級に盛んに大本の立替え説を浅野は訴えた。文化人の浅野の入綾により大本は急激な飛躍を遂げる。浅野を編集長として月刊誌『神霊界』を刊行し、多くの信者を獲得し、教勢は全国に拡大する。当時の大本には大正十年大立替え説が流布し、立替え間近しという異様な雰囲気に包まれていた。

ミロク菩薩となった王仁三郎は今までの沈黙を破るかのように、「いろは歌」風にまとめた五七長の長歌の予言詩『瑞能神歌』を大正七年に発表する。

『瑞能神歌』とは、当時、ヨーロッパが第一次世界大戦の渦に巻き込まれたさなか発表された詩で、ドイツ皇帝の失脚と革命、戦争の終結を述べていた。

「れん合の国の軍は強くとも、心は割れて四ツ五ツ、いつか勝負の果ても無く、力は既にイングリス艮《とどめ》に以太利《いたり》て雨《あめ》りかの、フランス跡に地固めの、望みもつきてカイゼルの、甲斐なき終わり世の終わり」

この予言のとおり、大正七年十一月、ドイツで労働者がほう起し、ドイツ皇帝ウィルヘルム二世は退位を余儀なくされ、見事に王仁三郎の予言は的中した。しかし、このときすでに王仁三郎は二十年後の日米開戦による日本の空襲の情景まで歌の中に折りこんでいた。

「東雲《しののめ》の空《そら》に輝《かがや》く天津日《あまつひ》の、豊栄昇《とよさかのぼ》る神《かみ》の国《くに》、四方《よも》に周《めぐ》らす和田《わだ》の原《はら》、外国軍《とつくにいくさ》の功難《せめがた》き神《かみ》の造《つく》りし細矛《くわほこ》、千足《ちたる》の国《くに》と称《たた》えしは、昔の夢となりにけり。今の世界の国々は、御国《みくに》に勝《まさ》りて軍器《つわもの》を、海の底にも大空も、地上地中の撰《えら》みなく、備《そな》え足《た》らはし間配《まくば》りつ、やがては降《ふ》らす雨利加《あめりか》の、数より多き迦具槌《かぐつち》に、打たれ砕かれ血の川の憂瀬を渡る国民の…」

「神の造りし細矛」とは、無論言うまでもなく細長く伸びた国、日本を現している。「軍器を、海の底にも大空も」、とは海の底で使う兵器、つまり潜水艦の出現の予言だが、この大正七年の時点で、このような兵器はドイツではUボートとしてすでに第一次世界大戦のとき開発されていたが、他の国々では程遠かった。

「降らす雨利加の、数より多き迦具槌に」の迦具槌とは『古事記』の中では火の神であり、即ち火を示している。今までの爆弾というのは、単にヨーロッパのような石造建築を破壊するためのものであった。しかし、日本の場合は木造建築物が多く、普通の爆弾よりもむしろ空中爆発して火が降り注ぐ方が有効であると日本用焼夷弾がアメリカ軍により開発され、日本全国に焼夷弾の火の雨が降り注いだ。王仁三郎は第二次世界大戦の光景を、まるで目の前で見ているかのように歌の中で述べている。ミロク菩薩としての出現は王仁三郎の時代の幕開けであった。

●ナオ昇天

その年の暮れ、ナオは信者で身の周りの世話役の梅田安子にこう呟く。

「来年は孫の直日が十七歳になる。直日が十七のときには世をゆずるのや、と前から神さんがいうておられるでな、そう思って下され」

ナオの言葉を安子は容易に信じられなかった。来年八十三歳になるナオは壮健で老いを感じさせるような体ではなかった。

その不安を予期するかのように、翌年の正月には高熊山修行のときの神示で十年目に弟子を授けると約束されたとおり王仁三郎に帰依した梅田仁斎に、次のように王仁三郎は耳打ちする。

「開祖さんのからだは今年いっぱいや。びっくりするなよ」

梅田にはナオは生神さまであり、その生神さまが死ぬなどとはあり得ないと王仁三郎の話を信じなかった。

まるで死期が近づいているのを裏付けるかのように、ナオのお筆先も、大正七年五月に入るとぴたりと筆先が止まる。

「神さまが書かしてくれませんのや」

ナオはそうさびしく呟いた。

その死期に間に合わせるかのように、八月十八日、王仁三郎は七十五日間身魂の大洗濯として神界から『床しばり』の修業を命じられ、一切の執務、執筆を中止して室内に籠もり、行に入った。

『床しばり』の行とは、今までの『小松林』『素盞嗚命』としての神霊からの脱皮であり、『ミロクの神』としての立替えのご用のための新たなる身魂の再生を意味していた。そして、一切の面会を断ってのこの行は、半ば過ぎから本格的な苦しみが襲い、王仁三郎は苦しんだ。

ついに、十月三十一日、身魂の行を終えた王仁三郎は、予告とおり床から上がる。

行を終えたこの日、ナオは娘スミを呼び、今後のことを色々と指示した。

「神さまはこれからは、先生の言うことに素直に従うようにとのことじゃあ」

スミは王仁三郎の妻とはいえ、母のお筆先の方に絶対的権威を置き、夫である王仁三郎のすることには服従してこなかったことを戒められたのであった。

「神の経綸《しぐみ》はなあ、この世の始まりから後にも先にもないどえらいことができるのじゃげな。『神界の一厘の仕組は人に言うことはできぬ。ナオにも言えぬ。この経綸を言うてやりたら、ナオでも気違いになるぞ』と神さまはおっしゃる。『大本のことは、そとから判けに来る。何事も時節じゃ。時節には神もかなわぬ。経綸が成就してから、ああ、このことでありたかと分かるのじゃ』とお言いになされる」

ナオはもはや自分の役目が、王仁三郎の『床しばり』の行により、完全に王仁三郎に移ったことを知っていたのだ。

考えれば、ナオのお筆先に示されたことを実際に一つずつ具体的に実現するのは、王仁三郎の力によるところが大きかった。ナオのお筆先の降下の終わりも、その役目の終焉を告げるものであった。

王仁三郎のになう一厘の仕組み、これは大本では梅の一輪の花びらにたとえている。しかし、この一厘の仕組みについては、お筆先では何度となく登場するが、具体的に何を意味するかは示されていない。この一厘の仕組みこそ、後章で触れるが、王仁三郎の仕組んだ経綸上、重要なものなのである。

この年の十一月六日の夜、ナオは王仁三郎の背中に背負われ、着々と整備されていく綾部の聖地の説明を聞いていた。ナオは「こんな結構な建物より、神への真を尽くす人が一人でもおったら」とさびしく呟いた。その夜更け、ナオの容態が一変し、家族と幹部に見守られながら、立替え、立直しの予言を信じた人たちの熱狂の嵐の中、ナオは八十三歳の生涯を終えた。

王仁三郎は大声で泣いた。

悪のご用として、「小松林殿、改心して下されよ」とお筆先が出るたびに、幹部たちから排斥された時代、「スサノオノミコト」が王仁三郎に、一方のナオには「アマテラスオオミカミ」がつき、それぞれが高天原での戦いを役で演じた時代、霊的なご用以外は、普通の親子以上に仲の良かった王仁三郎には、ナオの死は神から知らされていたとはいえ、やはり悲しかった。

そして、この日実質的にヨーロッパでの第一次世界大戦の交戦は終わりを告げ、五日後には第一次世界大戦は幕を閉じた。

ナオ亡き後、王仁三郎は自らが神がかり、十二月にはナオの代わりにお筆先『伊都能売神諭《いずのめしんゆ》』を降ろす。この中で「坤の金神の身魂には、変性男子と女子との御用を勤めて貰わな成らんから、是からは今迄とは海潮《かいちょう》（王仁三郎の意）は忙しうなりて、苦労が段々殖えて来るから今迄の身魂では能《よ》う忍耐《こば》らんから七十五日の神から修行をさしてたのであるぞよ。（中略）坤の金神は一代の役であるから、此の次第を取違い無きように気を付けておくぞよ」と王仁三郎が坤の金神としていよいよ活躍することを予言していた。

大正八年十一月十八日、王仁三郎は亀岡城址一万三千五百坪を買収した。翌年六月には亀岡大道場を建立。亀岡は天恩郷と称し宣教の中心地で霊界を、綾部は梅松苑と称し祭祀の中心で天国を、それぞれ型として地上に移写したものと定めた。だが、聖地を二ヵ所に定めた型としての理由は後に明らかとなる。

それから数ヵ月後、大本は、立替え、立直しの予言に危惧を抱いた当局から、七月に刊行された『大本神諭』火の巻は、八月には発禁処分を受けた。王仁三郎はこの頃から、大正十年の世の終末を唱えることは慎むように、又鎮魂帰神の法は中止するようにとたびたび告示していた。

しかし、王仁三郎のもとを離れた鎮魂帰神の法は、当時大正五年に家族ごと綾部に移住し入信、幹部となるほどの熱意を示した海軍機関学校の元教官であり、英文学者でもある浅野和三郎氏が鎮魂帰神を実習、指導していた。インテリ階級の唱える言説は、軍人や知識階級に多くの関心を引き付け、大正十年十月には世が滅ぶと信じられる有様だった。

ナオ亡き後には王仁三郎の霊能が多くの信徒を引き付けていたが、それでもまだ大本内部はナオのお筆先を純粋に信奉する一派とことごとく対立していた。かつて、王仁三郎はナオのお筆先に対しては合理的な態度であたっていたが、迷信的に信じる幹部たちにはかなり手を焼いた。

まだ大本が大教団となる前、幹部たちの待ち伏せで命をねらわれるという時期もあったほど、ナオのお筆先を信じる人には、王仁三郎は悪としてしか映らなかった。

例えば、「外国は四つ足である」というお筆先には外国は悪と断言し、外国のものも悪としてしまう幹部たちには、王仁三郎が背広を着用している姿は、ナオのお筆先への反逆行為と映るらしい。そのために、ちょっとした隙に肥坪の中に背広を投げ込まれてしまうという態度で反発を受けた。

王仁三郎は「外国は四つ足である」という箇所は、外国の思想に心を奪われ日本の心を忘れたらいけないという意味だと説明しても、そういう連中には通用しない。

また、自分の娘直日が生まれたとき、花の美しさを教えてやりたいと花を鉢に入れておくと、翌日には枯れてしまう。そのようなことがたびたびあり、ある夜自分の妻スミが鉢に熱湯を注いでいる光景を垣間見てからはそれも断念してしまう。スミは母ナオの教えの純粋な信奉者であり、「花の心ではいかん」というお筆先をそのまま信じた結果である。これは「花のようにすぐに散るような心ではいけない」という意味が正確なのであるが、このような融通性はナオのお筆先を純粋に信じる人たちは全く通用しない。

そんな盲信者たちには、お筆先に示された日数を計算して、大正十年の大立替え説を盛んに唱え、それを疑いなく信じていた。

これに対して王仁三郎は、ある信徒に次のように漏らしている。

「神界の時間は、現界と違う。お筆先に書かれている日数を素直に解釈すると大正十年に起こるということになっているが、起こるわけない」

この王仁三郎の不安をよそに、もはや大本全体がこのナオのお筆先による立替え説と鎮魂帰神によって暴走しようとしていた。

そんな中、大正九年八月五日、王仁三郎は経営不振の『大正日日新聞』の買収仮契約を済ませ、九月二十五日、復刊第一号が刊行される。発行紙数は四十八万という、当時の朝日・毎日の部数を遥かに上回る部数で、全国に大本の『立替え・立直し』を訴えたのであった。

だが、一教団が当時のマスメディアである新聞社の買収による、立替え、立直しの宣伝を大々的に行うのも、お筆先の実現によるものでもあった。

「日本と外国との大戦いで、世の立替えとおもえども、そのなかには、何あろうとやらわからんぞよ。この大もうな時節まいりておりたとて、新聞は一ども問いにもまいらんが、たいそうな新聞を出さねばならんぞよ」と明治三十四年に示されており、「たいそうな新聞」がこの「大正日日新聞」の買収でもあった。王仁三郎はお筆先のシナリオに忠実にしたがい、仕組みを成就させようとしていた。

一方、警察当局では、この大本の論調に警戒し、密偵を大本内部に侵入させ、情報の収集にあたっていた。王仁三郎は、当時入信して大本の内部に出入りしていたこの密偵を看破し、わざわざ旅館に招いて、次のように打ち明けた。

「私やスミを赤レンガ（刑務所）に入れてもよいから、大本を改造して下さい」

この王仁三郎の言葉のとおり、「大正十年、立替え、立直し」の予言が教団全体を異常な熱狂と興奮で包み、大本は王仁三郎の意志とは別の方向に向かいつつあった。

王仁三郎は浅野、友清など編集局の連中を煽るように、わざわざ自分でも大正十年立替え説を打ち出すような原稿を渡す。それを読む編集局の連中は首を獲った兵隊のように勇みながら熱狂的に盛んに大正十年説を書き立てる。いくら学識がある人でも、知恵がなければ王仁三郎の目から見れば単なる狂信者にしか過ぎない。

王仁三郎が大本を弾圧に巻き込むべく、彼らを先導したのは事実である。こうして、王仁三郎の仕掛けたワナに狂信的な信者を引きずりこんだ。後に王仁三郎は次のようなことを述べている。

「王仁《おに》を信じよ。ただし、盲従はいかん」

この言葉は来るべき大本第一次弾圧を予期したものなのか、それは本人しか知るよしもない。

●大本第一次弾圧

王仁三郎が仕掛けたワナに誘われるように、ついに警察当局は大本弾圧に乗り出す。事件の到来を告げるかのように、大正十年二月十二日、王仁三郎は上空に異様に光を放つ上弦の月と太白星（金星）を目撃した。そして、この日、大本は京都府警によって弾圧を受ける。いわゆる、大本第一次弾圧である。

この日の深夜午前一時、京都府内の各署から選ばれた武装警官百三十名余が非常招集により集められ、早朝山陰下り線の列車に乗り込んだ。午前八時、一行は大本本部のある綾部駅に到着し、福知山、舞鶴の両部署の警察隊と合流する。まず、大本本部を包囲、大本幹部宅を急襲し、幹部たちを逮捕、綾部町内の要所を完全に封鎖した。

そして、郵便局、電報電話局を警察の監視下に置き、外部との連絡を遮断するなどの物々しい警戒態勢に入った。ここまで警察当局を刺激させたのは、当時、大本では「竹槍十万本と手榴弾を隠し持ち、武装ほう起をする」とのデマが巷には広がっていたからである。

綾部の町を厳重な統制下に置いた警察は、次に大本本部に押し入り、妻スミをはじめ役員、信徒を本部内の建物の一室に押し込み、不敬罪、新聞法違反の容疑で捜索することを告げた。

大阪梅田にある大正日日新聞社で執務中の王仁三郎は、私服警官数名が部屋に現れると、何事もないような態度で「ちょっと出掛けてくる」と仕事中の人間に言づてして部屋を出て行った。普段と変わらない王仁三郎の様子に周囲の人間はまさか逮捕とは思ってはいなかった。

しかも王仁三郎は逮捕の日時までを実は知っていたとしか思えないような素振りを、前日に面会に来た一人の信者に示していた。

社長室にいた王仁三郎はその信者に「お前に金をやろう」としきりに持ちかけたが、その信者は、その言葉を振り切るようにして帰宅した。逮捕の知らせを聞いたその信徒は、あのとき金を預かっていたら、警察に没収された金庫の中の金をスミのもとに届けられたのにと残念がった。

大本本部内を懸命に捜査する警察当局の努力もむなしく、武器らしい武器は見当たらず、信者が献納した数振りの日本刀だけが発見されただけであった。警察としては、大量の武器が発見できれば、内乱罪の適用により一気に有罪に持ち込むつもりだったが、その思惑は見事に空振りになった。

大正八年に取り調べに来た警察に対して、王仁三郎は「日本はアメリカに占領されることになりますが、それはいつであるかは申し上げられません」と答えている。当局も当時から王仁三郎の予言には、興味を持って一目を置いていた。そのため、王仁三郎の予言能力のすごさは、当局を刺激していた。

多くの予言者はお告げとか、神さまの声が聞こえたとか、そんな形で色々な予言を発表するが多くは的中することはない。しかし、王仁三郎の場合は『瑞能神歌』のように具体的なビジョンを示し、自らの脳裡の中に未来という時間をそのまま垣間見ていたとしか思えない。それを裏付けるような話がある。

晩年、食事を食べずにじっとしている王仁三郎の姿に、付き人の三浦玖仁子《くにこ》が心配そうに尋ねた。

「聖師（王仁三郎）さま、どないしたんです」

付き人の顔を見た王仁三郎は次のように呟く。

「いまわしは、前に神さまから見せられた大峠という最後の立替えの場面を思い出したんや」

「……」

「そやったら、メシもろくに喉に通らん。いいか、どない光景かわかるか。死体が累々《るいるい》続くんや。その死体を踏み越えてなあ。人が青い顔をして、吐息をつきながら、生き残った人にあんさんも生きておりましたかと呟くんや」

この話から王仁三郎が時間という次元を越え、未来の光景を見ていたことを知ることができる。王仁三郎の異常なまでの予言的中能力は一体、どこで開花したのだろうか。中村孝道、大石凝真素美の言霊学の修得による成果なのか、それとも本田霊学によるものか、この二つの霊学をマスターしたところで、未来を見通すという王仁三郎並みのランクまで到達するのは不可能であろう。一番には、高熊山での異境との交流が大きく影響したのだろう。その意味では、王仁三郎はまさに「大化け物」であり、霊格からして別格であった。

そして、王仁三郎は自分がいつ出獄できるか、その日まで知っていた。京都刑務所に信者松村真澄が面会に行くと、王仁三郎は右の人差し指で左手掌を三回突っついて見せた。

意味も分からない松村は、三ヵ月後王仁三郎が出獄した後、「あれは三ヵ月したら出ることを知らしたのだ」と教えられ初めて、あのときの王仁三郎の態度の謎が解けたという。

さて、王仁三郎に引き続き、翌日は浅野も逮捕され、京都未決監獄に収容された。

一方、この王仁三郎の入監中の隙をねらって、大本内部では反王仁三郎勢力が、王仁三郎の失脚をもくろんでいた。その首謀者が、ナオの第三女の福島ヒサである。ナオのお筆先で日の出の神である戦死した清吉の霊がヒサ自身についたと称し、『日乃出神諭』を降ろし、自らを義理天上日の出の神であると説き、王仁三郎と反目していた。

王仁三郎以下の役員の退職を詰め寄る反勢力に対し、スミは「虫けら悪人まで救うのが神さまの御心や」と応待し、辛くもこの事態を切り抜けた。

八木の福島ヒサの王仁三郎排斥運動こそが、鞍馬山のご用での反王仁三郎勢力の四方春蔵の台頭に当たり、この弾圧によりナオのお筆先盲信者が大本を離反するのが、春蔵の死により反勢力が急速に衰えていくことに当たる。先走りとしての鞍馬山のご用は、第一次大本弾圧により型が現れた形となっていく。

さて、大本事件から二ヵ月が経ち警察の捜査が一区切りすると、今まで掲載禁止であった大本事件関係の記事が解除となり、警察の意図的な操作によって新聞は盛んに大本を攻撃し始めた。

新聞は一斉に「陰謀の発覚を恐れ、十二人を生き埋めした大本教」、「奇怪なる伏魔殿の正体暴露」などなどの見出しであらぬ情報を捏造し、大本を誹謗した。実際、新聞社にとっては一教団が新聞社を買収して、新聞屋になったことそのものが気に食わなかった。デマと誹謗の体質は、今のマスコミでも大して変わらないが、当時は国家の扇動で意図的にマスコミを操っての大本攻撃だった。しかし、厳重な教団内捜査にもかかわらず武器らしいものが一つも出てこない以上、形だけでも体面をつくろいたい当局の苦肉の策にしか過ぎなかった。

そんなデマの飛び交うなか、六月十七日、**百二十六日**ぶりに王仁三郎と浅野和三郎が責付出獄し、帰綾した。責付出獄した王仁三郎に待ち受けていた難問は、ナオの奥津城（墓）に対する当局からの改修命令であった。六月二十六日、ナオの遺骸には全然手を付けぬ形で、規模を縮小する改修工事を実施し、この難局にあたった。警察当局は、死者の安らかな眠りにまで横槍を入れたのである。

八月十日、七夕祭において王仁三郎は、大正十年立替え説は日本に起こるものでなく、大本自身の立替えであると、発表した。そして、鎮魂帰神による法は認めるが、神がかりは認めておらず、旧役員たちの神がかりは偽神術であると警告し、役員達の改心を求めた。

同月二十五日、教団活動の拠点を綾部から亀岡に移す。一つには、ナオのお筆先信奉派、八木の福島ヒサの反勢力に対して、王仁三郎自身の拠点を置くための意味での処置にも見えた。

十月五日第一審公判の判決が下り、王仁三郎に不敬・新聞紙法違反の最高刑である懲役五年、浅野には不敬罪で十ヵ月が言い渡された。大本側は即日控訴、検察側も浅野の判決を不服として、公判の場は大阪訴院に持ち越された。また、新装された本宮山の神殿の破壊も命じた。

十月八日（旧九月八日）、王仁三郎は、大正日日新聞の借金七十五円を抱え、その上連日、国賊とののしる脅迫の手紙に参っていた。その三日前には第一審有罪判決が下され、本宮山神殿の破壊は時間の問題であった。投獄生活で、目も悪くなり、そんな中で、神示により「神より開示しておきたる霊界の消息を発表せよ」とあったが、目を患った王仁三郎にはとても筆を取る余裕もなく、その現状を神に訴えた。

「神がお前の口を借りて一切経を言わすのだ。いいからやれ」

神はそう言って、王仁三郎に執筆を促すが、目が痛い王仁三郎はそれどころではない。

そうしているうち十月十一日には、ついに本宮山の神殿の取り壊しの通達が届いた。

同月十七日、寝ている王仁三郎のもとに、夜半枕元に水色羽織を着ているナオの霊身が現れ、二尺ほどの指示桿《しじかん》で畳を叩いた。本宮山の神殿の破壊を怒っていると思い、王仁三郎は素直に謝った。

だが、ナオは首を横に振る。王仁三郎はすかさず「神さまに言われた一切経を書かせていただきます」と答えると、ナオはうれしそうに声を出して笑い、かき消えた。こうして生まれたのが、『霊界物語』である。

内乱罪の適用ができなかった当局は、大本に対し容赦ない弾圧を行う。単に、伊勢神宮の正殿や宮中の賢所《かしこどころ》と形式が同じという理由で、綾部の本宮山に建てられたばかりの神殿を取り壊す。その破壊の音を横になりながら耳にする王仁三郎は、『霊界物語』の口述を始めた。

その背景には、大本の内部でお筆先をめぐる様々な思惑が数々の解釈を生み出していたことにもあった。まず、明治時代から「開祖派」と称する素朴な信仰に固執している信者、福島ヒサを中心とする「八木派」と呼ばれた信者のグループ、王仁三郎を無条件に支持する「大先生派」、浅野和三郎のようにお筆先に独自の解釈を加え、大立替えは大正十年に招来すると説いた別派などがあった。

実際、この浅野を中心とする知識階級の人間が大本の教勢の拡大に多大な尽力を与えたのであったが、この急激な大立替え説は当時の人々の生活に深刻なまでの影響を与えた。それは職を辞し綾部に移住して、その立替えの招来を待つという家族がかなりの数にのぼっていたことからも分かる。

お筆先とは一歩間違うと、ハルマゲドンにつかれた現代のカルト教団にも通じる危険極まりないものであった。時期が明確に記されていないこと自体が様々な解釈を招き、多くの思惑をも招いた。そのうえ、弾圧後には事件に対する配慮からお筆先を誌上に掲載しないという方針を、大本側でも自主的に決めており、それに対処する意味でも王仁三郎は、新教典の必要に迫られていた。

本宮山の神殿の破壊が終わった八日目、まるで艮の金神の怒りにでも触れたのか、第一次弾圧を加えた時の首相、原敬は東京駅で艮の一字をもつ中岡艮一《なかおかこんいち》によって刺殺される。世間は大本を弾圧した罰だと秘かに噂した。

そんな中で、『霊界物語』は大正十三年一月末に七十二巻をもって完成したが、その後に記した『霊界物語』特別編として、満州へ入蒙したときの記録としての『入蒙記』と昭和八年から九年にかけて口述した『天祥地瑞《てんしょうちずい》』を含め全八十一巻の物語であり、信仰というものを平易な口述で示した。筆記者をそばに置き、今後起こる予言を物語風に暗示し平易に説いた。大本ではナオのお筆先と同様『霊界物語』も重要な聖典として扱われている。この物語は、王仁三郎がかつて高熊山に連れさられ、一週間の神業を命じられ、そのときの体験を述べたものである。

また一巻の口述はおおよそ三日に一冊というペースで進められ、王仁三郎は筆記者が口述をやめさせ、字の確認をするのを嫌ったという。その理由として、口述している際は言葉がよどみなく口から流れており、そのリズムを壊されるのを嫌がったためだという。

そして、多くの口述は横になった状態で進められ、王仁三郎がうとうとして一瞬眠りにつき、はっと目をさまし、どこまで言ったと速記者に確認して、最後の部分を読み上げてもらうと、「そうや、そうやった」と頷き、ためらうことなくそのまま続きの部分を言い始めた。

そして、物語が冬や寒い季節の場面になると、真夏というのにわざわざ暖房を用意させ、「寒い、寒い」と布団にくるまり、そして真冬でも暑い場面にさしかかると、「暑い、暑い」と浴衣一枚の姿になりながら、口述を続けたという。

『霊界物語』五十五巻の序文を印刷するとき、王仁三郎は幹部たちに次のように漏らす。

「お前たちの目は節穴や。四十字詰めにすれば、字が出てくるはずや」

慌てて幹部たちは四十字詰めで、校正しなおし、行の一番上の部分の字だけを拾うと、七十行以上の序文に鮮やかに一つの文章が現れた。

「明治三十一年如月九日高熊山の修行より今年大正十二年正月十八日まで満ちて二十五星霜を経たり霊界物語の口述開始より十五箇月着手日数は二百日にして五十五編を終わる」

口述しながら、実は王仁三郎の頭の中では原稿用紙に書いているように、鮮やかにもう一つの文意をしたためる。ましてや口述となると、頭の中では漢字に置き換えるという作業ができなければ不可能である。王仁三郎の著す『霊界物語』は、このようなからくりを幾つも潜ませていた。

『霊界物語』は、王仁三郎によると三十六通りの解釈ができるようになっているという。その神意を潜ませた密書が、『霊界物語』である。そして、『霊界物語』は黙読ではなく、声を上げて読むのが大事なことであり、おおよそ三日で一冊のペースが理想的だという。

この驚異の『霊界物語』の誕生に対しても、大本内部ではナオのお筆先に権威を持つ人間には快くは迎えられなかった。この『霊界物語』が公刊されると、幹部たちの反発は強く、浅野はこんな幼稚極まりないものと決めつけ、ろくに読もうともしなかった。

ある日、王仁三郎が布教から帰ると、ミロク殿で『霊界物語』を声を上げて朗読するようにと指示したにもかかわらず、声がしない。

「なぜ、声を出して『霊界物語』を朗読しない」

王仁三郎が役員に尋ねると、役員は困ったように答えた。

「二代様（スミ）の命令です」

この言葉に王仁三郎も何も言えなかったという。それほどまでに、当初『霊界物語』は教団内部には浸透してはいなかった。

さて、この弾圧が大本内外に与えた衝撃は大きかった。この事件を契機に、浅野和三郎は東京に引き上げ、後に『心霊科学研究所』を開設する。立替え、立直しを具体的に期限を示して、世に訴えた友清歓真《よしざね》は山口県で『神道天行居』を始め、谷口雅春《まさはる》は東京で『生長の家』を創始した。一部の幹部たちが大本を去り、大本から反王仁三郎勢力が一掃され、王仁三郎の意図とする主旨に従い、その意味で大本は立替えられた。

大正十二年五月、王仁三郎の命令によりエスペラント語を勉強するようにとの指示が筆記者の一人加藤明子に出された。エスペラント語とは、ポーランドのザメンホフ博士が大成した国際語である。世界人類が一つの言語をという願いで作り出されたエスペラント語は、王仁三郎は世界統一の型として、一つの言葉を世界人類が使用するために意図的に大本で使用させ、その普及に努めた。ちなみに「オニサブロウ」とはエスペラント語では、救世主を意味する。

六月十八日、直日と養子の出口大二との結婚式が盛大に執り行われ、信徒も喜びに湧いていたが、翌年十二月には離縁している。

●関東大震災

この年の九月一日午前十一時五十八分、相模湾北西で発生した大地震は、関東一円を襲った。折しも、昼食の準備に追われ、火を使用としていた時間と重なり、被害はたちまち広がる。木造の建物が過半数を占める日本では、火事による被害は特に著しかった。東京下町はたちまち業火が襲い、逃げ場を失った群衆が隅田川に逃げ込み、たちまち広がった火の手で焼死者は五万人にも及んだ。行方不明者は約四万人、負傷者は十万人、被害総額は当時で六十五億円というから、現在でも膨大な金額が一瞬にして灰と化した。

いわゆる関東大震災である。この大地震が経済的に与えた打撃は大きく、後の昭和二年の金融恐慌の一因ともなるほどの被害を出した。

この年の春、大本の教主殿で『霊界物語』を拝読している幹部の一人に、王仁三郎は、「東京に地震があるぞ」、と予言。その理由を幹部が尋ねると、「『霊界物語』にエトナの爆発とあるだろう。そのエトとは即ち江戸であり、ナとは万葉の古語で地という意味で示しておいた」と漏らすのである。そして、時期的には、この年の秋と明言していたのである。

関東大震災　浅草十二階（写真提供：毎日新聞社）

関東大震災のこの日、王仁三郎は九州にいて湯治を終え熊本県山鹿町の旅館に到着した。信者の歓迎を受け、いよいよご法話の時間となると「『霊界物語』の第三十一巻の大地震と救世主のところを読め」と身内に命じ、自分はさっさと休んでしまった。

この二つの章はヒルの国の大地震について述べたものだ

が、ヒルの都とは即ち、昼の都で正午前後に襲った関東大震災の時刻を指摘していた。

この日時、王仁三郎は身体中、火で焼かれたような赤い傷ができ、「熱い、熱い」と言いもだえ苦しんだ。

信徒たちは不審に思いながら、『霊界物語』を拝読していたが、その翌日関東大震災の報を聞き、王仁三郎の真意がどこにあったのか初めて納得した。

お筆先の中に「東京はもとのすすき野になる」と示されている。そのお筆先を補強するかのように王仁三郎は既に『霊界物語』の中で関東大震災の時期まで予言していたのである。

「大本の言うとおりになった」

お筆先を信じている信者、その他の一般の人まで騒ぎ出した。一般に巷の占い師、祈祷師がなぜ時期まで明言して的中できないのか、それはその人につく神が高級神か低級神かの違いにしか過ぎないと、王仁三郎が学んだ鎮魂帰神の行法、本田霊学では説く。

本田霊学では、神は一段階ではなく百八十一段階あると説く。そして、高級神になればなるほど時間という次元を掌握しており、それ故に予言は正確を極めるという。

低級神しかついていない人は、失せ物、数日の間のことは簡単に的中させるが、何年後のことになると簡単にはいかない。ましてや何十年も先のことになると、予言など不可能に近い。

王仁三郎の予言の的中率の高さは、そのまま王仁三郎についている神が高級神である証明となろう。

さて、王仁三郎が九州で見せた不可思議な現象は震災のとき、密かに霊身を飛ばし、大本の信者を皆救っていたとしか思えない言葉を残す。

震災後、幹部が王仁三郎に次のように進言した。

「大本から信者の慰問に行かなければならぬと思いますが」

「王仁が救うのにどんなに苦しんだか分からないか。慰問に行くことはいらぬ。早くお礼に来るように奨めるためならよろしいが」

王仁三郎の言葉を幹部は理解できなかったという。これは王仁三郎が霊身を飛ばして、関東大震災の最中、被災者を助けていたとしたら理解できる。震災の際、王仁三郎の体に現れた火傷の跡もその例だが、その話を裏付けるようなエピソードがある。

後に第二次弾圧で再び大阪刑務所に収監された王仁三郎が、刑務所で寒さに凍えているのではないかと王仁三郎の体を気遣った九州のある信者が、自分の家の一室に毎日布団を敷き、王仁三郎を迎えたようにして、暮らしていた。

ある夜、その部屋で大きな黒い人影が見えてその信者は仰天した。釈放後の王仁三郎は面会したその信者に、「あのときの人影はわしじゃ。お前がわしのために布団を敷いてくれたから、お前の家に行ってやったんや」と答え、信者は初めて納得したという。刑務所に肉身を置き、霊身によって自在に飛び回る王仁三郎。この方法により、後年様々な仕組みをすることになるが、このことについては別の機会に触れることとする。

関東大震災の東京の被害がこれで終わりではないかのように、王仁三郎は次のようにも語っている。

「関東大震災のとき、大本の話を一度聞いた人は皆救ってある。しかし今後は知らない」

王仁三郎は今後日本を襲う次の火の手としての大災厄である太平洋戦争による東京大空襲の地獄絵をこの時点で語っていたのだろうか。

●ミロク神像と王仁三郎

関東大震災の翌日、九州鹿本郡三玉村（現在は山鹿市）のある信徒の家で休憩をとっていた王仁三郎は、家の中に祭っている観音像を見る。

「わしがいつも観音さまを書いているときに見えていた観音さまはこれや」

うれしそうに王仁三郎がこの観音像に触れると、それに応えるようにこの像が三十センチも揺れ出した。王仁三郎が慌てて、その像を支えると、しばらくしてから揺れもおさまり王仁三郎はほっとした様子で腰を下ろす。

「わしが触ったら喜んで動かれるので、倒れてはいかんと思ってつかむとますます動かれるので鎮まるのを待っておったわい」

そう言った瞬間、石像の胸の辺りに月のような白い形が浮き出た。

「これは観音さまやない。弥勒《みろく》最勝《まさかつ》如来《にょらい》や」

王仁三郎はその現象を見て、その石像に名前を付けたのである。そして、その像がまるで王仁三郎の生き写しであるかのように、その像と並んで写真を撮らせると、まるで等身大であった。関東大震災の翌日ミロク神像と対面する王仁三郎、これはミロク菩薩が大災厄を告げたとしか思えない。

ミロク神像（『霊界物語』より転載）

王仁三郎のこのミロク神像に対する思い入れはことのほか深く、綾部に帰ると、その石像を祭っている信者の家に一通の手紙を送る。信者がその内容を見て当惑した。

「早くミロク神像を家の外に出さなければ活動ができない。そして雨ざらしにしておくように」とあった。いかに個人で祭っているとはいえ、町の守り本尊である。困ったその信者は町長に相談して、王仁三郎からの命令を実現すべく色々と八方に手を回すのだった。

責付出獄の身の王仁三郎による国法を無視しての入蒙は、神命であったとするならば、このミロク神像を祭り直したことも一因となろう。

●中国・紅卍字会との提携

この震災は、王仁三郎に新局面をもたらすことになる。

中国の山東省北部の内陸、約四十キロの浜県《ひんけん》にいつ祭られたか分からない大仙祠《だいせんし》があった。この祠の前で、大正五年（一九一六）この地に赴任した知事・呉副林《ごふくりん》が敬神家でたびたび、神壇をしつらえフーチによる託宣を仰いだ。フーチとは一種の自動書記のようなもので、十センチほどの厚さに砂を敷き、その上にT字型の木を両端から二人の霊媒が持ち、その砂の上に字を刻み、神示を仰ぐものであった。そして、このフーチによって最初、光臨した神は尚仙《しょうせん》という神であったが、後のナオ昇天のころに至聖先天老祖《しせいてんろうそ》という根源的な神の託宣が取り継がれるようになる。

そして、大正十年には中国政府の公認の宗教としての認可が下り、中国全土に広まり、支部もでき、大正十三年には外郭団体として紅卍字会《こうまんじかい》が結成されていた。

このフーチによって、関東大震災の数ヵ月前に、日本に災害があると託宣が下り、義損米二千石と、銀二万元が震災前に集められた。

そして、まだ起こりもしない災害の救援物資の搬出に対して、その仲介を斡旋された日本領事林出賢二郎《はやしでけんじろう》は不審に思いながらも了承し、船で運ばれた義損米は、九月一日、震災時には横浜港にくぎ付けにされ、海外の援助としては最初のものとなった。

ここにフーチの予言の的中率の凄さを知ることができる。しかし、このとき、震災の慰問団として道院から派遣される候延爽《こうえんそう》一行は、もう一つの神命を受けていた。

「日本に道院と同じような宗教がある。これを捜し当て、これと提携せよ」

この命令に対して、フーチの奇跡を目撃した林出賢二郎が、大本の王仁三郎に会うようにと進言し、その手はずを整えた。

十一月三日、一行は王仁三郎と会見。この大本の「国常立尊」と道院の主宰神「至聖先天老祖」は同一であると、大本と道院の提携、合同の協定調印が行われ、翌年には神戸に日本で最初の道院が開設された。こうして、両者は「中国の道院は即ち大本であり、大本は中国の道院」という密接な関係を持つようになるのである。

この道院との出会いは、王仁三郎の目を海外に転じさせる結果となる。蒙古・満州に一大勢力を誇る道院を拠点に、王仁三郎は蒙古へ渡ることを秘密裡に計画した。また、王仁三郎が、当時乗馬に夢中であったのも来るべき入蒙という野望に備えていたのを周囲の人は知るよしもなかった。

●満州に渡る王仁三郎

翌大正十三年二月十二日の白昼、三年前の大本第一次弾圧と同じ日、またあのときと同じ天空の異変を王仁三郎は目撃する。

この日、一通の手紙が王仁三郎のもとに届く。九州のあの信徒から山鹿のミロク神像を野外に祭る指示について村民を説得して、家の外に簡単な屋根をつける条件で祭ることができたとの内容であった。文意には、裏壁を壊し、神像を出す際、傷が付かないようにと細心の注意を配り、縄で縛って外に出したとも付け加えられていた。

この手紙を読み、王仁三郎は入蒙を決意したという。

また星月の異象に促されたように、王仁三郎は責付出獄の身で後に合気道の創設者植芝盛平《うえしばもりへい》を含む三人の供を従え、密かに日本を脱出し、まず朝鮮に上陸。一路、蒙古を目指す。

王仁三郎の入蒙の意図については、様々な解釈がなされている。精神的・宗教的統一を第一とし、第二に当時の世界の思想的昏迷を打開し満州に王道楽土の国家を建設し、世界平和のために貢献しようとする意味とも、また一説には戦死ではなく、軍の密偵として満州に潜伏している清吉を探すのが目的とも解釈されている。責付出獄の身の王仁三郎が、当局の許可も得ず京都府外に旅行するということは、国法を無視するような行為であるが、側近に「法律を守ることは大事なことや。しかし、神さまがやれと言えば、そのときは神さまの言うとおりにせねばならぬ」と、不法脱出について語ったことは神命によるためのやむを得ない入蒙であったことは否定できない。神命なら何をしてもいいのかと言うと、法律を守らなくてもいいというのではなく、王仁三郎の場合は自分の利害を犠牲にしての無私の行動である。

当時の満州は馬賊が横行し、治安面でも安全とは言えず、そのような地に渡ること自体、命の保証はなかった。事実、王仁三郎は入蒙の際、自分の娘婿に遺書を渡していることからも並々ならぬ覚悟で臨んでいるのが分かる。神命というのは王仁三郎の例をみても、自己の都合のいいような解釈の許されない次元のものなのである。

蒙古に入った王仁三郎は道院の布教師という役職で、布教に取りかかる。そして、入蒙の手引きをした矢野祐太郎《やのゆうたろう》の斡旋で、当時蒙古の英雄と云われた盧占魁《ろせんがい》将軍と会見、将軍は一見して王仁三郎に臣従を誓い、一行は三月三日蒙古へ進軍を始めた。このとき、盧占魁将軍は張作霖の客分であり、張作霖は初め馬賊の頭目であったが、次第に勢力を拡大して、大正五年（一九一六）には奉天督軍兼省長となり、このときには満州一帯を支配する軍閥に成長していた。

その張作霖の承認のもと三千余の兵で神軍を編成した王仁三郎一行は、行軍の先々で、病気を直し、雨を降らせたりして奇蹟を実演してまわる。王仁三郎は、人々からダライラマと讃えられ、布教を続けた。しかし、盧占魁将軍を配下に持つ張作霖は、ジンギンスカンの再来として民衆の心を魅惑した王仁三郎一行が一大勢力を持つことに危惧を抱き、ついに討伐軍をさし向け、五月二十日にはパインタラで張作霖軍により王仁三郎一行は捕縛されてしまう。

このとき、王仁三郎は次の言葉を吐いたとも云われている。

「よっしゃ、大成功や」

不可解な言葉を吐き、捕縛された王仁三郎は入牢の身となった。結局、盧占魁将軍は銃殺、王仁三郎一行もあわや銃殺というとき、銃から弾が発砲されず、再び牢に入れられ、処刑の寸前に、日本総領事館の介入で救出され、強制送還の身として下関に七月二十五日に到着した。

しかし張作霖軍に捕縛された王仁三郎が吐いた「よっしゃ、大成功や」の言葉は何を意味していたのか。王仁三郎には一つの確信があったとしか思えない。ミロク神像が王仁三郎自身の姿を示しているとしたら、野外に祭られたミロク神像は、即ち王仁三郎が国外の満州に渡る姿、そして縄で縛った神像の姿はパインタラで捕縛された王仁三郎の姿。まるでミロク神像の祭られるときの経緯のように、王仁三郎と呼応していく。まさにミロク神像の型を自分で実演していたことになる。それ故、自分の思惑どおり事が成就していったことに対しての大成功という言葉だったのではないだろうか。

この入蒙で、実は王仁三郎が水のご用を実演したとしか思えないふしがある。神軍を組織し、各地で雨を降らせるなどの奇跡を起こしたが、もっとも大きな水のご用は捕縛の二日後に現れた。パインタラで張軍に包囲された際、盧将軍は土砂降りの雨を降らせ、張軍を混乱させてその隙に逃げようと王仁三郎に神助を乞う。

王仁三郎は盧将軍の頼みに同意し、雨乞いを実施したが、予告した時間には全然雨が降らず、結局は捕縛の身となった。それから二日後、この町は数時間でバケツを引っくり返したような豪雨となった。一見、王仁三郎の雨乞いは失敗したように見えたが、二日後現実に豪雨がこの町を覆った。これは王仁三郎が中国の地に水のご用として仕組んだもので、次に日本という地で残りの火のご用を実演したということが分かるようになる。

王仁三郎に手を下そうとした張作霖は、まるで艮の金神の怒りにでも触れたかのように、最後は関東軍により乗車している列車ごと爆破され、非業の死を遂げる。

そして、満州に同行した植芝盛平は、この地で不思議な体験をする。

他の馬賊との交戦の際、いつ弾が飛んでくるか分からぬ状況下の中で、植芝には飛ぶ銃の弾が見える。とっさに、その弾から身をかわすと、今度は本当の弾が体をかわしたとおりに飛んできた。この神秘的な体験をもとに、大東流という実戦的武道を改良し、相手の攻撃をすべてかわす防御のみの護身術という平和的な武道、合気道を創設した。

そして、この植芝盛平も王仁三郎の言霊学を教義として取り入れ、合気道の創立に王仁三郎が陰からの影響を与えていたのは余り知られていない。

保釈中の身で出国した王仁三郎を待ち受けていたのは、大阪刑務所であった。七月二十七日、大阪に到着するや、再入監の身となった。しかし、満州に一大王国をつくろうと企てた王仁三郎のイメージは、第一次弾圧による逆賊としてのイメージから一転して英雄としてマスコミに報じられ、その甲斐もあって、保釈運動は容易に運ぶこととなった。

ついに十一月一日、午後一時十一分に保釈の身となり、王仁三郎は自由の身となった。

だが、この漢数字を算用数字に置き代えると11月1日、午後1時11分となる。すべて、「一」の数字を重ねている。神島開きの際の「九」の数字を連発した現象をこの保釈でまた実演していたことになる。「九」とこの「一」との数字の呼応が解けぬ限り、この二つの数字の謎は解けない。九と一を足すと、十となる。「十」の数字で思い出す人もいよう。そう九に一つを加えて、十曜の神紋に変わったハプニングが、十という数字の中にある。

神島開きが九分九厘の型、釈放そのものが一厘としたら、王仁三郎そのものが一厘のみ霊であり、王仁三郎の合流により金明会が組織されたことそのものが、今までのナオだけの活動が実は九分九厘であり、ちょうちん屋により一つ増やして十曜紋に置き替えたことで、王仁三郎が一厘の仕組みを現していたという構図が生まれてくる。こう考えると神島開きの後、王仁三郎のミロク菩薩としての誕生の謎も明確となる。

だが、数字の不思議な現象は単にこれだけではない。

●126の数字の謎

まず、入蒙により、王仁三郎は百二十六という数字をまるで神業の刻印のように繰り広げる。この数字はキリストに水の洗礼を施すヨハネが荒野をさまよった日数の千二百六十日を縮めた数字である。まず、最初の第一次弾圧で、王仁三郎が獄に投じられ、責付出獄するまでの獄中期間は百二十六日。

そして、大正十三年、責付出獄の身で密かに日本を脱出し、奉天到着の二月十五日（大正十三年は閏年）から六月二十日、パインタラに追い込まれる前日の六月十九日まで、救世主として奇蹟を行った日数が百二十六日。

続いては三月三日、蒙古に到着した王仁三郎一行が奉天の日本総領事館に護送される七月六日までが百二十六日。

護送中を収監日数として数えないで計算すると、六月二十一日にパインタラの地で捕まり、七月二十一日から二十七日までを大阪刑務所に拘留され、十一月一日、保釈されるまでも丁度百二十六日。そして、一回目の入獄から入蒙して、再度入獄の前日までがヨハネ時代のユダヤ歴の一ヵ月が丁度三十日として計算すると丁度四十二ヵ月で千二百六十日となり、最後はヨハネの荒野をさまよった日数と同じものになる。

なぜか王仁三郎がこの満州という荒野をさまよう姿は、まるで『ヨハネ黙示録』十二章の一節そのものである。

「女は荒野へ逃げて行った。そこには、彼女が千二百六十日のあいだ養われるように、神の用意された場所があった」

女を変性女子の王仁三郎と置き換えると、責付中のまま蒙古という荒野に違法を承知で駆けめぐった姿そのものではないか。そして、その場所は神が用意された場所であったと、ヨハネ黙示録は記す。このヨハネこそが、実は王仁三郎の入蒙の謎を解く手がかりとなるのである。また第一次弾圧の型を解く手がかりでもある。

ヨハネとはイエスキリストの出現を予言した聖者で、バプテスマのヨハネとも呼ばれているが、実は諸説があり、『ヨハネ黙示録』の作者とは確定できないが、西暦二八年頃、ユダヤの荒野に現れ、群衆に終末が近いことを予言していた。ヨハネの力強い説法は多くの人々の心をとらえ、イエスキリストもヨハネの説法を聞き、そして水の洗礼を受けているほどの人物である。そのヨハネにちなむ数字を王仁三郎が型として連発させたのはなぜだろうか。

満州へ渡った王仁三郎の意図は、実はヨハネの型を満州で行ったとしか思えない。

ミロクの世の建設とも、王道楽土を建国するべくとも言い渡満した王仁三郎は、志半ばで失敗した。強制送還で帰国後、ある新聞記者のインタビューで今回の満州行きは失敗でしたねとの問いに、王仁三郎は「イヤ大成功だった」と答えている。

何が王仁三郎にとっては大成功だったのだろうか。実際、王仁三郎はこの事件によって、今までの大本不敬罪の評価をぬぐい去るように帰国後は英雄の扱いを受けるほど国内での評価は一変する。この評価を王仁三郎は「大成功だった」と述べたのだろうか。いや、王仁三郎は国法を犯してまで神命を優先させ、入蒙を強行していることからして、世間の評価は気にしていなかったはずである。王仁三郎の真意はどこにあったのだろうか。

やはり、第一次弾圧で一度収監された王仁三郎が、入蒙したその地でまたヨハネの百二十六という数字を再度刻印しているとなると、大本第一次弾圧とヨハネの型はおそらく満州の地と深く関わっていると考えた方が分かりやすい。だが、この一二六の数字には大きな秘密が隠されていたことは、後に触れるとする。

では、ここでヨハネに対して王仁三郎が言及している記述があるのか探してみると、まるで入蒙に関する謎は満州にあるのを示すかのように、王仁三郎は『霊界物語』特別編「入蒙記」の総説の中で、ヨハネとキリストのことを述べている。

「ヨハネはイエスキリストに水の洗礼を施した。然るにイエスキリストは火の洗礼を受けねばならなかった。だが火の洗礼を受ける前に、イエスキリストは十字架に架けられ非業の死を遂げた。今度、再臨するとき、キリストは火の洗礼を受けねばならぬのである。」

だが、王仁三郎が述べるこの火の洗礼とは『聖書』のどこを探してもキリストの場面には登場しない。そして、実はキリスト教のキリストと王仁三郎の説くキリストとは、全く別人だとも『月鏡』の中で触れている。

「ユダヤの国のナザレに生まれた大工の子キリストが降誕してから、既に千九百三十年を経過した。しかるにキリストによって世界の平和と人類の幸福を来たらしめたということはいまだ聞かない。」

こう説明しながら、キリスト教も政治的に利用されただけで、武器と共に世界を侵略したキリスト教に何度キリストが再臨しても、何の役に立つのであろうかと結んでいる。

そして、『新月のかけ』の中で、キリストはユダヤの王となろうとした、と宗教家としては似つかぬ政治的な野心があったことにも触れている。この点から、王仁三郎が説くキリストは真の救世主ではないということになる。

そう考えると、『月鏡』の中で、真のキリストは何者であるかを次のように結んでいる意味が頷ける。


「自分のいうキリストとはそんな貧弱なものではない。霊肉共に安心立命させ、人類の生活に、もう少し活動力のあるものである。大本人の中には自分をナザレのイエス、キリストに擬するものがままあるようだが、実に迷惑千万である。

自分がかつて『霊界物語』に説いたキリストとは、ナザレのイエスとは全然別人であることをここに厳命しておく。」


これではキリスト教の説くキリストと、王仁三郎の言うキリストとは全く別の代物になってしまう。では、この王仁三郎の真意とは何であったのだろうか。この不明の個所を付け足すように、王仁三郎は次のように述べている。

「ヨハネは世の初めの祖で、開祖で、国常立尊である。キリストとは世を救う者、油を注ぐ者で素盞鳴尊である。キリストは救う役である」

これではキリストの役イコール素盞鳴尊ということになってしまう。では、素盞鳴尊が油を注ぐ者とは何を意味するのか。素盞鳴尊は王仁三郎によると、高天原で暴虐を働き、その罪故に地上に落とされた神ではなく、八百万の神々の罪をすべて自分が背負った神だとする。すると、素盞鳴尊もキリストもすべての罪を背負ったという点では贖《あがな》い主となる。

『道の栞《しおり》』の中では素盞鳴尊について次のように触れている。

「速素盞鳴命《はやすさのおのみこと》は、あわれみ深き荒神にましまし、世界の人々に代わりて、天地の罪のあがないをなしたまえり。世の人あやまりて、素盞鳴命を罪人と思うは、おそれ多きかぎりなり。世の中の人の罪科を免がれしめんために、その御身をば天地に犠牲となしたまいしなり。のちに天津神の御ゆるしを得て、月の国へのぼり、月読命《つくよみのみこと》となりたまいて、昔も今もかわることなく、世界を守りたもう。」

この文章からみても、素盞鳴命である王仁三郎がキリストと同じ意味を持つことが分かってくる。『霊界物語』の一巻の中で、王仁三郎はヨハネとキリストの関係について奇妙なことを述べる。

「キリストはヨハネの靴の紐を解くにも足らぬものである」と、述べている。実際はヨハネはキリストの紐を解くにも足らぬものというのが、『聖書』での正確な表現だが、この矛盾に気付いた幹部が、実際は『霊界物語』の口述は逆ではないかと尋ねたところ、それでいいのだと王仁三郎は答えている。

つまり、『新約聖書』ではヨハネはキリストよりも霊的には下であると解釈されているが、王仁三郎は逆にヨハネの下がキリストであるとしている。

キリストがヨハネの下に位置するとは王仁三郎は何を言いたかったのであろうか。この真意を理解しない限り、明確な答えは引き出せない。

●満州国建国の型

まず、第一次弾圧をヨハネの型、後に起こる第二次弾圧をキリストの型と考えてみよう。すると、第一次弾圧は満州、第二次弾圧は日本の型としてみるならば、キリストとヨハネとの対比ができることになるが、その点に関しては第二次弾圧の部分で詳しく述べよう。

第二次弾圧がキリストの型である証拠に、弾圧前、王仁三郎は「わしはキリストになる。キリストになって十字架にかけられなければならぬのや」と言っている。しかし、これだけではまだ説明が不充分なので補足しよう。

このヨハネとキリストに関しては、『伊都能売神諭』の中に、ナオがヨハネであることを示唆しているものがある。

「撞賢木天照大神様《みろくのおおがみさま》の御命令を戴きて、三千世界の立替の為に、由良川《よるだんがわ》の水上に神代開《よはね》祖出口守《のみたま》が現われて、清き和知（和知川《わちがわ》）の玉水に、人の身魂を洗い世を清め、神政成就《きりすと》瑞純霊《みため》が、再び地の高天原へ現われて、救いの舟を造り待てど（中略）」

（大正八年六月三日）

この一節では「開祖出口守」がヨハネであると触れ、「神政成就瑞純霊《きりすとのみたま》」がキリストであると述べている。この一節からナオがヨハネに相当すると断言してもいいだろう。神政成就瑞純霊がキリストとは何を意味するのだろうか、この字を見て真っ先に浮かんだのが、「神政《しんせい》」、即ち後に第二弾圧の原因となった「昭和神聖会《しんせいかい》」を結成した王仁三郎自身である。彼を示唆しているとしか思えない。

先程の一節の「身魂を洗い世を清め」とは、水の守護と火の守護に相当すると考えるならば、これが王仁三郎の説く水と火の洗礼に該当するということなのだろうか。ナオのお筆先にある「肝腎の仕組みは今の今迄申さぬ」というのは、王仁三郎の総説で述べている火と水の洗礼が、このお筆先のヒントとなるのであろうか。

まず元伊勢と出雲のご用の後、ナオには天照大神がつき、王仁三郎に素盞鳴命がつき、それぞれ取っ組み合いのケンカにはならなかったが、高天原での天照大神と素盞鳴命のやり取りを再現している。この時点では、実は火と水は和合してはいない。上島開きで坤の金神の隠遁を解くまでは、実際ミロク菩薩の出現の型が出ていないのを見てもその前には水と火の和合の型が出ていないのが分かる。

では、なぜ和合の型がこの時点では現れなかったのか。この謎を解く鍵として、大江山の元伊勢の本当の祭神が実は何であったのかを知ることによって明らかになる。大本側はこの大江山の元伊勢こそが、本当の元伊勢と称しているが、実は若狭湾の宮津市にある『籠神社《この》』こそが本当の元伊勢である。そして、後の方で触れるが、この籠神社も実は大本と深い因縁を持っていた。

籠神社の先代宮司、海部《あまべ》殻定《よしさだ》氏は、詳細な検証の結果、平安時代に成立した神名帳（つまり当時の神社ハンドブックがこれに当たる）に記載されている神社の中で、現在所在不明の神社が一つあることに着目し、その不明の神社こそがこの大江山の元伊勢であり、祭神名が手力男命の神社であると考証している。

となると、大江山の元伊勢は本当の元伊勢ではないということになる。ナオが水のご用と称して大江山の元伊勢で実演したご用は、神業上どういう意味を持つのであろうか。

手力男命が天照大神を騙して岩戸から連れ出した岩戸開きこそが、実はウソの岩戸開きであると『大本神諭』では述べている。大江山の元伊勢のご用は、ウソの岩戸開きの型だったのである。

ウソで開いた岩戸開きの型なので、ナオと王仁三郎が天照大神と素盞嗚命との争いの型を演じた後、ナオが弥仙山に籠もる型が岩戸閉めの型に相当する。火と水の和合がなるとは、実は最初の子直日の誕生こそが、火と水すなわち陰と陽の結びとしてのもう一の型を示し、それが後の神島開きの後、誕生するミロク菩薩である。そして、次の時点に移行するこの火水のご用は経綸上では別の意味を伴っている。

まず、ナオは日清戦争の始まるとき、神さまから「唐」に行ってくれとの神示が降る。このことからみても、ナオの神業としてのご用が本来は中国にあったことが分かる。そのナオの経綸上の役を王仁三郎が入蒙という形で実演しているのは、「坤の金神は実地のお役をする」とあるお筆先のとおり、ナオの代役としての艮の金神の型を坤の金神の王仁三郎がやっていたというように、一人二役と考えなければ経綸が理解できない。

この満州がヨハネ、そしてナオの型であるとしたら、何を意味するのか、この答えこそ艮の金神の代役として、王仁三郎が入蒙して満州に作ろうとした理想郷が、後に関東軍による傀儡《かいらい》国家・満州帝国建国こそがウソで開いた岩戸開きと同じ意味を持つ型に相当する。

艮の金神が仕組んだことは、日清、日露戦争で「神が陰から守護いたして」の奇跡的な大勝利で、結果的に日本を大陸に引きずり込む構図を作ったことだ。もし、艮の金神の陰からの守護がなければ、日本は大陸に出る機会もなく、満州建国という野望すら持つこともなかった。それを可能にしたのが、日清、日露の戦争でのまさに神が守護したように奇跡的大勝利をおさめたことにあった。

満州帝国皇帝溥儀《ふぎ》の即位こそが、天照大神と同じように天の岩戸である中国から満州に引き連れられ、ウソの岩戸開きと同様に、関東軍の傀儡《かいらい》国家満州国で皇帝として即位する。ウソの岩戸開きを象徴するかのように、この皇帝には清皇帝の血はなく、西太后の愛人の孫であり、全くの偽者であり不気味なほどよく似ている。そして、溥儀の皇帝としての即位の決意の背景には、国民党が次々清王朝の陵を暴いたことによるという。第一次弾圧のときのナオの奥津城はどうであったろうか、桃山陵に似ているという理由で大幅に縮小されている。不思議なほど大本第一次弾圧と溥儀の心境はそれぞれ重なり合う。

結果的にこの満州帝国建国が、日中戦争の原因となっていることからしても、艮の金神は日本を世界戦争に巻き込むために手引きしたとしか思えない。ある意味では、このナオと王仁三郎についた天照大神と素盞嗚命との高天原での対決は、『古事記』では、素盞嗚命が高天原を奪いに来たと思った天照大神が武装して待ち構えていた背景を演じていた。

天照大神の直系の天皇家の統帥権を乱用して、日本政府の命令を聞かず中国で戦局拡大した関東軍こそが、武装した天照大神の型であり、そして戦う意志のない素盞嗚命こそ、戦局拡大を嫌った日本政府の型ではなかっただろうか。この実態を、当時諸外国では日本政府と関東軍との二重政府（ダブルガバメント）と呼んで皮肉った。

素盞嗚命は高天原で暴虐を働き、そのために天照大神は天之岩戸に差し籠もってしまった。それが大本の型では、ナオの弥仙山に籠もるご用が一回目の岩戸閉めへと展開していくことになる。そして、その暴虐の罪により、素盞嗚命は高天原を追放されるが、実は素盞嗚命こそが八百万の大神の罪を自分が一身に背負った贖い主と王仁三郎は説く。

関東軍の策謀により建国された満州国の樹立こそが、国を開いたならぬウソの岩戸開きに該当するとしたら、妙に天照大神と素盞嗚命との構図は、満州帝国と大日本帝国との対比で不気味に重なり合う。そして、続いて素盞嗚命が八百万大神の罪を一身に背負うかのように、王仁三郎は二度も冤罪で投獄される。この王仁三郎の二度の投獄こそが、実は、高天原の岩戸閉め、岩戸開きの出来事を、あたかも型として実演していたとしたらどうだろうか。

そして、大日本帝国がすべての罪を背負う素盞鳴命の型であるかのように、太平洋戦争で日本は米軍による空襲で、焦土と化し、多大な犠牲を受けた。逆に満州帝国は、終戦の一週間前にソ連参戦まで余り大した被害もない。対ソ参戦で満州は焦土と化したかというと、現在でも帝国時代の建物がよく保存されて当時のままである。

当時の満州帝国はアジアでは理想郷といってもよいほど整備されており、また豊富に石炭が採掘され、真冬の零下の厳しいこの地でも日本の建てた建物の中は、その石炭を使い常に二十度以上を保ち、暖房設備が整っていた。そして、戦前世界一とも呼ばれた満州鉄道『亜細亜号《あじあごう》』がシベリア間を結んでいた。それほど、満州国は日本以上の繁栄を誇っていた。ちなみに満鉄は、当時の国家予算の半分に当たる金額が資本金に投入されるなど、アジア最大のコンツェルンであった。

そして、王仁三郎が入蒙の際に要した費用は、当時の金で二十余円と云われ、その費用が当時の大本教団の苦しい財政を圧迫したが、満州帝国も当時、日本が資本としてこの地につぎ込んだ額は膨大な金額であり、太平洋戦争後一切の資本資材を中国に没収され、中国は日本に対して戦争賠償金を放棄したが、当時満州につぎ込んだ日本側の資金は賠償金の額を優に越えている。実は第一次弾圧の型が、そのまま満州に現れているとしか思えない。これを図式化すると上のようになる。

こう考えると、満州帝国の建国は艮の金神の仕組みであるというのが、理解できよう。

大本の型	日本の型
・素盞嗚命、高天原にのぼる	・大陸進出の手がかり
←火と水の二度のご用（元伊勢・出雲）	←（日清・日露二度の戦争の勝利）
・素盞嗚命と天照大神との対立	・満州帝国建国
←（ナオと王仁三郎の神がかりによる対立）	←（戦局不拡大の政府と軍部の対立）
・素盞嗚命の高天原追放	・第二次世界大戦での焦土と化す日本
←（第一次・第二次弾圧での二度の王仁三郎の投獄）	←（二個の原爆投下）
・素盞嗚命の大蛇退治	・日本帝国・満州帝国の崩壊
（大本無罪）	（民主国家日本誕生）
（入蒙により膨大な資金を費やす）	（満州における日本の資本の没収）

王仁三郎は第二次弾圧事件から保釈された後、道院・紅卍字会に降り立った至聖先天師老祖《しせいてんろうそ》は、実はナオが昇天した後、中国で神がかかった神であると述べている。実際、道院・紅卍字会に最初に下った神は、尚仙《しょうせん》また尚真人《しょうしんじん》という仙人であったが、ナオ昇天の頃から南極老人を介して、至聖先天師老祖《しせいてんろうそ》という根源的神へと変わっている。

となると、ナオの神格としての働きは、中国という舞台でナオ昇天後展開していたということになる。つまり道院イコール、ナオという構図が成り立ち満州建国こそが大本第一次弾圧の型の現れであることに繋がっていくのである。そして王仁三郎は入蒙より、命からがら強制送還という形で帰国させられる。これが、第二次世界大戦後、武装解除の後、中国側により、捕りょとしての待遇もなく送還させられる日本兵士の型としたらどうだろうか。

そして、昭和十年の大本第二次弾圧の後、大本という教団は地上から抹殺されるべく、大本という呼称、並びに信仰の場としての活動は全面的に禁じられた。しかし、大本をこの地上から封印しようとしても、大本イコール道院という因果関係で、満州にいる大本信者は道院という宗教団体を隠れ蓑として信仰を続けることができた。

道院そのものは満州帝国の宮廷内部まで浸透しており、在満の大本信者には団体の解散、ご神体の焼却を含めた棄教が要求されたが、大本信者であった満州国奉天省の警務庁長の三谷清の他、実力者のために弾圧は比較的ゆるやかであった。

一応独立国であった満州国では、国内では徹底した弾圧が大本に加えられても、道院という名のもとに大本勢力は隠然として残っていた。満州国宮廷内は、張恵国国務総理以下、紅卍字会のメンバーであり、侍従武官長張海鳳は、世界紅卍字会満州国総会会長であり、道院そのものは満州では国教に等しい存在であった以上、日本政府もうかつに干渉はできなかった。

この満州における道院の活動こそが大本第一次弾圧の結果の型だとしたらどうであろうか。第一次弾圧の結果、神殿の破壊、ナオの奥津城の改修という事態に及んだが、大本の宗教団体の活動を禁止することなく、その後も大本の信教の自由は認められている。

この点をみても、満州帝国イコール、第一次弾圧、そしてナオ、艮の金神の型となる。そして、王仁三郎も満州帝国建国以前から、すでに満州帝国建国に向けての意欲を見せ、一時は亀岡に清朝の元皇帝宣統帝《せんとうてい》（溥儀《ふぎ》）を迎え入れ、そして満州国建国を独自に計画していた。だが、この計画はとん挫し、実現できなかったとされている。

しかし、昭和初期、大本は溥儀を京都の亀岡でかくまっていた。平成十一年一月号の『ムー』には、第二次弾圧の直前、王仁三郎から裏の神業を命じられた辻天水（本名辻正道）の残した一枚の写真の中に亀岡で王仁三郎、スミと並び写っている後の皇帝溥儀の姿がある。

王仁三郎が、やはり満州帝国建国に陰から関わっていたことがこの写真を見ても分かる。即ち、王仁三郎の神界からの至上命令とは、満州帝国建国であったことは否定できない。王仁三郎の一連の行動からみても、満州帝国建国とは、経綸上重要な意味を含んでいるはずである。

王仁三郎はすべては二つから仕組みは成り立っていると説明しているが、艮と坤の金神の再会の型、準備としての中国大陸に「艮の金神」の型としての満州国という一つの帝国を誕生させる。それは日本が坤の金神としての役をになう以上、必要不可欠であった。そして満州で水のご用、日本で火のご用を行う。すべては、艮と坤、火と水、と陰陽の組み合わせのように仕組みは展開していく。

まず、大本では型としての出雲の火と大江山の水のご用を展開すると何が起こったか。それがナオと王仁三郎についた天照大神と素盞嗚命の争いである。つまり、火と水の組み合わせは争いの中にヒントがあるということが分かる。もう一つの帝国を経綸上、アジアに出現させる。これが神の芝居の大事な舞台設定でしかない。大日本帝国、満州帝国、名前は異なるが、実はこれらは表裏一体の関係で、この二つの帝国はまるで艮と坤の金神が夫婦であるかのように密接な関係にあった。

◎満州と日本の型の地場としての対比

満州帝国	大日本帝国
艮の金神（聖先天師老祖）	坤の金神
ナオ	王仁三郎
ヨハネ	キリスト
天照大神	素盞嗚命
関東軍（主戦派）	日本政府（平和主義）
道院	大本
第一次弾圧（小規模）	第二次弾圧（大規模）
水のご用（元伊勢）	火のご用（出雲）
ウソの岩戸開き（軍に連れさられる溥儀《ふぎ》）	ウソの岩戸開き（明治政府誕生）
ナオの唐行き（王仁三郎の入蒙）	大陸進出

結び → 日中戦争・太平洋戦争

そして、満州帝国の誕生は何をもたらしたか。昭和七年（一九三二）、国際連盟はリットン調査団を派遣し、来日した際、調査団に日本の内田康哉外相は「満州国は満州人が自発的に革成した国家で九ヵ国条約に抵触しない」と突っぱねた。

九ヵ国条約とは大正十一年にワシントンで取り決められ

た条約で、中国の主権・領土の尊重、勢力範囲の設定を決めたものであるが、この条約には反していないとしたのである。当時の満州は日本の三、四倍の面積を持つ新天地であり、夢と希望に満ち、日本をあげて満州ブームが起こっていた。

現地を調査した調査団の報告により、満州帝国の承認についての是非を国際会議で問うことになる。日本政府が派遣した松岡洋右《まつおかようすけ》は外交官で討論には強いとの評判であったが、結局、事態をまとめるタイプではなかった。

ともあれ、松岡は各国の理事の反発を買いながら、調査団の報告を批判し、満州帝国の建国は正当であると主張し続ける。しかし、日本の行動が肝心の九ヵ国条約に抵触するかという論議のさなか、関東軍は内蒙古の熱河省（中国領）に攻め込み、これが国際連盟の空気を一変させ、形成は日本側に不利に動いた。

昭和八年（一九三三）、二月二十四日、国際連盟は満州国不承認の議決を下し、松岡はただちに日本代表団を率いて退場し、国際連盟を脱退する。だが、帰国した松岡一行を、国民は凱旋将軍が帰ってきたかのように大喝采で迎え入れた。これこそが、王仁三郎が不敬罪で逆賊の汚名を受けながら、入蒙後、帰国し熱狂的に民衆に受け入れられた姿と重なり合うではないか。

国際的に孤立しても、当時満州国が日本の生命線と呼ばれ、国民、政治家には国際的な孤立などは眼中になかった。満州国という甘いアメに誘われた日本は、かえって国際社会から孤立を深める。しかも、当時国際連盟に加入していたアメリカは日本を激しく非難したが、世界恐慌のさなかで日本に対して武力行使による制裁をする余力はなかった。

また、昭和十年（一九三五）、イギリスが中国の貨幣改革を実施する前、日本にも改革に加わらないかと打診し、その際の資金援助の見返りとして、中国側に満州国を黙認させるという案を持ちかけられるが、この国際世界からの孤立を抜け出せるチャンスを日本側は断ってしまった。満州という国土を手に入れた時点から、一直線に国際社会からの孤立を日本は深め暴走し始める。

日華事変〈盧溝橋を渡る日本軍―1937.7―〉
（写真提供；毎日新聞社）

未来という時間を把握できる王仁三郎が、なぜ後に崩壊する満州国の建国をもくろんだのか、それを考えたとき、すべての意味が明らかになる。

満州国建国により日本を戦争に巻き込む、それが王仁三郎の経綸上、必要なワナでしかない。その証拠に満州国建国により、中国と日本の関係は急速に緊迫する。

昭和十二年（一九三七）七月七日に勃発した日華事変で、日本は泥沼の日中戦争に引きずりこまれる。七月七日に事件が起こったのも、経綸上、重要であることを数字で示している。

王仁三郎は自分の誕生日の七十六歳を迎えるとき、教団では数えの七十七歳として喜寿の祝いを行おうとするが、王仁三郎はわしは三十三歳やと言って、喜寿の祝いをさせなかった。西洋では、この「7」はラッキーセブンというが、旧約聖書では天地創造の七日目に当たり、神が休んだ日で神不在を示し、この事実をみても七七という数字は目出度いという意味だけではない「意味」を潜ませている。

『伊都能売神諭』では「富士と鳴門《なると》の仕組み」という一節があるが、富士とは火山の富士山で、即ち「火」のことであり、鳴門の鳴《な》るとは海の渦であり、「水」となる。火と水の仕組みが即ち、仕組みが「成る」ということが鳴門《なると》の意味であり、七《なな》の成《な》るとも繋がるのである。

ナオ昇天直後にナオに代わって降ろした『伊都能売神諭《いずのめしんゆ》』こそが、実はナオのお筆先を補足するものであり、数字の秘密を隠している。例えば、王仁三郎がミロク菩薩が下生するとして、昭和三年三月三日にミロク大祭を執り行う。そして、この日が自分の誕生日から数えて、五十六歳七ヵ月に相当すると、数字を重要視し、この数字を『伊都能売神諭《いずのめしんゆ》』の中で次のように触れている。

「釈迦が五十六億七千万年の後、至仁至愛神《みろくさま》の神政《よ》が来ると予言《もう》したのは、五六七《みろく》と申すことであるぞよ。皆謎が掛けてありたのじゃぞよ。五は天の数字で火と云う意義《こころ》であって、(中略)、火は大の形で梅の花、地球上《せかい》の五大洲に象《かた》どる。六は地の数で水という意義であって、(中略)七は地成の数で、土地成の意義《こころ》であって、土は十と一の集りたもの、十は円満具足完全無欠両手揃うことで、一は初めの意義であるぞよ。十は物の成就、一は世界統一、一神のことである。世の終《しま》いの世の始まりがミロクの世であるぞよ」

ここにあるとおり、五は火であり、六は水であり、七は土を示す。これは、火と水の仕組みが完了する。仕組が成ることである。そして、『伊都能売神諭《いずのめしんゆ》』ではこのご用とは、大正五年五月の神島開きによりミロク菩薩を出現させ、大正六年六月に肝川の龍神、これはナオの三女福島ヒサが説く日の出の神と関わっている肝川龍神のことであるが、これはまたの機会に触れるとするが、この神を綾部に祭り、そして大正七年七月から七十五日間の床縛りの行に入った王仁三郎によって、五六七の数字のご用をしたと触れている。

しかし、この「五」の数字のご用は昭和の時代に入っても見えない形で、実演されている。昭和五年五月五日、王仁三郎の命令により大本の建物の扉がすべて開放されるという神業が実演される。この扉の開放は仕組みのふたが開かれたことであり、それに呼応するように翌年満州事変勃発。そして翌年には満州帝国建国と続く。王仁三郎の思惑どおりに仕組みは出来上がった。王仁三郎のお家芸は後で分かるが、作っては壊すであり、それを裏付けるように第二次世界大戦終了後、この二つの帝国は崩壊した。

五六七の数字を経綸上、このような形で捉えると様々な謎が浮き上がってくる。王仁三郎が雛形の経綸で実は衆人には気付かないように実演していたのだが、七が土としたら、第二次弾圧から保釈後、何かにつかれたように没頭した陶器作りこそが、実は土のご用であったということが分かってくる。

経綸上、大本弾圧は陰と陽の二つの組み合わせとなるように仕組まれており、第一次弾圧が水のご用、第二次弾圧が火のご用であり第二次弾圧が終わり、その型として次に展開する土のご用こそが仕組みの完成であり、雛形経綸上、重要な意味を持つのである。

そして、七十を過ぎた老体に鞭を打つように三千個に及ぶ陶器を完成させたのが、仕組みが完成した合図であり、第二次弾圧から保釈後、王仁三郎が「仕組みはなった」と言った意味を裏付けるのがこの陶器作りである。そして、一切の仕組みを終えたかのように、仕組みがなった数字、七に当たる数えの七十七歳で王仁三郎は昇天している。火、水、土、これが大本の経綸を解く鍵である。

●ミロク菩薩下生

第一次弾圧で二度目の投獄から王仁三郎が保釈された後、しばらくは自重するものかと周囲の人は思っていた。だが、王仁三郎は大正十四年二月の節分祭を終えると、居を亀岡に移し、亀山城跡を聖地とすべく、作業の陣頭指揮にあたった。

整備には一木一石に至るまで王仁三郎の心が加えられ、徐々にその全貌を整え始めた。

昭和二年二月七日、大本に明るい知らせが訪れる。大本第一次弾圧は、大正天皇の崩御と共に勅令第十一号の大赦令により、免訴無罪となった。

だが、この日無罪の報告をご神前で礼拝しお礼を述べたスミは、ナオ昇天後、たびたび聞き慣れていた艮の金神の声を聞く。

「まだ終わっておらぬ」

この言葉が来るべき、大本の大峠とも呼ぶべき第二次弾圧の予言であることを、スミはこの時点では理解できなかった。

昭和三年二月一日、直日は信徒の高見元男と再婚し、王仁三郎によって元男は日出麿《ひでまろ》と改名された。大本では日の出の神は重要な神とされ、日の出の神の出現により、ミロクの世が到来すると信じられており、日出麿という命名から来るべき神の世、地上の楽園が招来するかと思われた。

そして、三月三日にはこの日が王仁三郎の五十六歳七ヵ月に当たることから、ミロク大祭が行われる。仏教では五十六億七千年後の末法のとき、ミロク菩薩が下生すると云われ、丁度この日が王仁三郎の年齢がこの数字に当てはまることからミロク菩薩が下生したと信じられた。

まるで、この大祭を神が祝福しているのかと思われるような現象がこのときに現れた。ミロク菩薩下生の五十六億七千年の数字五六七に相当するかのように、このミロク大祭に参集した信徒の数は五百六十七人、そしてこのときの玉串料は合計五百六十七円となった。

第一次弾圧後、隠忍自重せざるを得なかった大本では無罪となっての久々の大祭であり、記念すべき日でもあった。そして、このミロク大祭に先がけ王仁三郎は一部の幹部と共に深夜神殿に参拝しての祭礼が執り行われたが、この日王仁三郎は二代目教主スミを除く王仁三郎以下の幹部の役職を一旦解任、そして、別の役職に再任するという寝耳に水の人事を行う。

この人事こそ、ミロク菩薩の出現が新体制に変わる型という意味を含めて行われていたことを役員たちは知らなかった。このミロク菩薩の出現こそが、来るべき大本第二次弾圧で旧体制が改められる型であり、第二次世界大戦での日本の敗戦により新体制に向かう型であったとは、誰がこのとき予測していただろうか。

ミロク菩薩の下生というミロク大祭は、大本でも意義のある大祭でもあった。この三という数字にちなみ、天のミロク、地のミロク、人のミロクがそろったと称し、ミロク三会《さんえ》と呼ばれている。三月三日は桃の節句で、女性の祭りでもある。この日に五十六歳七ヵ月の誕生日を迎えるのは、まさに王仁三郎が変性女子である証明であり、ふさわしい日であった。

この日、王仁三郎は一つの歌をしたためる。

「万夜の常夜の暗もあけはなれ　弥勒三会の暁清し」

大正八年の『神霊界』の随筆で、「筆先に三千世界の大化物が現れて云々と言うことがあるが、兎《と》もかく大化物が満五十六年七ヵ月に成った暁を視て居れば良いのである」とある、王仁三郎が予告していた芝居の幕開けでもあった。免訴で晴れて無罪の身となった王仁三郎は、精力的に全国に布教の旅に向かう。

この年の八月二十六日（旧七月十二日）の誕生日を北海道で迎えた王仁三郎は、芦別山に隠遁している国常立尊の神霊を四王山（四尾山）に奉迎した。艮の金神の出現は、「男島、女島開き」での大本の型から、次の日本という型へと移行したのである。続いての大本での坤の金神出現の「上島開き」の型は、昭和五年日本からは坤の方向の高砂島とも呼ばれる台湾で正月を迎えた王仁三郎とスミ夫妻こそが、「高砂や…」の歌でおなじみの尉《じょう》と婆《ばあ》の型の実演ではないだろうか。

月宮殿（亀岡）（『霊界物語』より転載）

一見すると読者にはこの型というのは理解できないように思えるが、大本では型とは三段階に移写していくということだとは先に述べた。三段移写とは、どういう意味か。例えば大本では、艮の金神はまず最初は男島・女島に隠遁したと説く。そして、それが次の日本という段階では、北海道にある芦別山に隠遁したと型が移写していく。そして、三段階目の世界の型では、日本に隠遁したと展開していく。

この法則にのっとって王仁三郎は、経綸上のご用を大本で神業としてナオと共に行い、ナオ亡き後は、日本という舞台で実施してゆくのである。そして、経綸が後に着実にこの三段移写により世界を舞台に出来上がっていることを後半で説明しよう。

立替えの神としての艮と坤の金神の出現を日本という型で実演したことは、これは来るべき日本の大立替えとしての太平洋戦争の予告でもあった。

聖地の整備は着々と進み、聖地完成で特に目を見張るのは、昭和三年十月三十日に完成した月宮殿の完成である。月宮殿は昭和二年に千三百個の石を、王仁三郎が、自ら作業衣をまとい四十日かけて宝座の場所に積み上げ、約一年かけて完成させていた。月宮殿は月の隈、つまりクレーターを移写したものを意味する。そして後方に据えた火袋のない灯籠《とうろう》は、又一名多宝燈と呼ばれ、竜宮の宝庫を示し、兎《うさぎ》が餅《もち》をつくその隈が四十八宝座の形を現していた。そして築いた宝座が月の形そのものを現すことから月宮殿の名前が由来している。

この建物の異様さは一際《ひときわ》目立ち直上から見ると十字の形をしており、一般の人が見学に来るまでの賑わいを見せた。だが、この月宮殿を王仁三郎がどのような意図で作り上げたのか、本当の真意は誰にも理解できなかった。

王仁三郎はこの建物の完成のときに、次のような不気味な言葉を投げかける。

「ああ、このお宮も壊されてしまうのか」

信者たちは王仁三郎の謎の言葉を理解しかねたが、この建物の完成により仕組みがなったかのように、丁度七年後の第二次弾圧によりこの王仁三郎の言葉は現実のものとなる。ともあれ、この月宮殿の完成、これによって大本の雛形としての舞台はすべて完成した。この十字の形を仕組ませた月殿宮の完成こそが、王仁三郎の経綸を後にひもとく鍵となる。

昭和四年（一九二九）、十月十四日、王仁三郎はスミを伴い、釜山《ふざん》の港に上陸した。五年前の密入国とは違い、今度は晴れての身での宣教旅行である。朝鮮、満州は一ヵ月ほどの滞在となったが、かつての入蒙のときに起こした奇跡の数々を忘れていない民衆は熱狂的に迎え入れた。その証拠に王仁三郎の向かう所は、五百人から千人余りの群衆が群がっていた。

王仁三郎の来訪は紅卍字会との提唱で、「聖者来たる」「救世主来たる」と中国の名士、有力者から民衆にまで熱狂的に受け入れられた。駅のプラットホームで王仁三郎たちを乗せた列車を見送ると、別離を惜しむ中国人、満人が泣き出した現象には、さすがの中国の官憲も肝を潰したという。

日本はその前の年、張作霖爆破事件の煽りで反日感情が高まり、満州では全く孤立していた。満州人には全く相手にされず、外交文書の未決は優に六百余件に達していた。その中で日本人としての王仁三郎の訪満は、逆に満州人にとって英雄、救世主として迎え入れられた。国民の支持すらろくに得られない日本の為政者たちには、この王仁三郎の満州での歓待振りは苦々しく見えたろう。

帰国後、王仁三郎は大陸での活動を重要視するべく、たびたび多くの宣伝使、日出麿らを派遣し、布教に努めた。娘婿の日出麿は、朝鮮、満州に七回渡り、何十万の人と面会し、何万にも及ぶ短冊《たんざく》、色紙、掛け軸、扇子《せんす》などに染筆し、そのうえ、講演、説法、各種の相談、病人の鎮魂と、昼夜の休みなく活動を続ける。

日出麿の霊能のためか、大陸における日出麿の歓待ぶりも王仁三郎に劣らず凄かった。日出麿の宿舎には歩哨が立ち、警備隊がラッパを吹奏し、捧げ銃の敬礼を行うほどの人気であった。

この日出麿の霊能の凄さは、最終的に第二次弾圧の際、警察当局の日出麿をターゲットとした形の中に現れている。

一方国内での王仁三郎の活躍も凄かった。生まれた子の名付け親になったり、旅行しながら歌日記という形で何千首の和歌を詠み、短冊に書いたので布教先の町の短冊はすべて買い占められ、そのうえ短冊が足りなくなるというと今度は画用紙を切り、それに書くという超人振りであった。ジャーナリスト、政界人、軍人、宗教家、教育家などさまざまな人物が面会に押し寄せていた。旅行先は、日本の全国津々浦々まで廻り、多忙を極める。

多忙な王仁三郎はついに今までのように列車、自動車による布教では間に合わなくなり、汽船や飛行艇による布教活動にまで発展していく。

第一次弾圧で大本に痛手を蒙らせたはずだが、大本はそのハンディをものともせず、不死鳥のごとくに蘇り、躍進を続けていく姿を為政者たちはどのように見ていただろうか。王仁三郎には、第一次弾圧でナオのお筆先盲信者を追い払い、いまの状況下は自分の天下でもあった。

時代の先読みをするのは王仁三郎のお家芸でもあり、当時、名だたる俳優、海江田譲二、衣笠淳子、鳥羽陽之助、葛木香一、浅香新八郎などを動員して、天恩郷をロケ地として開放し、ちゃっかり映画製作のノウハウを盗み、後に大本で「皇軍と少女」、「昭和七福神」、「王仁三郎一代記」の映画を制作するのだから、宣伝という意味ではマスメディアの力をよく理解していた。

　そして、王仁三郎はかつて「大正日日新聞」を買収したように、昭和四年「北陸夕刊日報」、昭和六年「丹州時報」、昭和八年には「東京毎夕新聞」と次々に一般有力新聞を手に入れ、大本大キャンペーンを展開した。そして、旬刊の刊行誌「人類愛善苑新聞」は後に百万部を超す一大誌へと発展していく。

　為政者たちはこの事態に再び、「大正日日新聞」から始まったあの悪夢の再来を見ていたろう。大赦令という大本第一次弾圧の免訴さえなければ、王仁三郎は完全に獄舎につながれ出て来れなかったはずだ。それが今は自由の身となり、以前にもまして強大な勢力を持ち、国家権力の前に現れた。

「あのときの弾圧で痛い目に遭ってもまだこりないのか」

「今度こそ不敬罪で徹底的に潰す」

　当時の弾圧関係者は、今度こそ大本をこの地上から抹殺する、これが至上命令となった。

　日本は大陸進出へと向かい、中国での利権をめぐって、情勢は戦争に向かい始めていた。

　昭和六年正月、王仁三郎はいよいよ戦争が始まると予言、その根拠として「今年は西暦で一九三一年でイクサノハジメ《一九三一》であり、神武紀元で二五九一年でジゴクノハジメ《二五九一》」と語呂合わせで示した。

果たして、この年の九月八日、綾部本宮山に三本の歌碑を建立する。このとき王仁三郎は、「これが建ったら、満州から世界が動き出す」と語った。

十日後の九月十八日、満州事変が勃発し、王仁三郎の予言は的中した。このとき、王仁三郎は次の言葉を漏らす。

「いよいよ『瑞能神歌』の実現期に入った」

この言葉は信者を通じてたちまち広まり、当局は『瑞能神歌』の販売禁止処分に出た。時代は王仁三郎の言う立替え、立直しの時代へと急速に向かい始めた。

政府の不拡大方針に従わない関東軍は戦火を広げ、翌七年一月には満州全域を占領し、独立運動を起こさせ、ついに三月一日、「満州国」建国宣言を発表する。軍部の暴走になす手段もない日本政府は、既成事実として承認するしかなかった。

中国国民党は五月三十一日、タンクー協定を関東軍と結び、事実上満州における日本の支配を黙認する。だが、この関東軍の横暴に対して国際連盟は、リットン調査団を派遣し、満州事変は、日本の事実上の侵略であるとの報告を受け、日本を激しく非難した。

翌八年三月二十七日、日本はついに国際連盟を脱退し、世界から孤立する道を歩み始める。

●昭和神聖会結成

昭和九年七月二十二日、王仁三郎は、日本の各界の要人に働きかけ「昭和神聖会」という一大愛国団体を九段会館で発会させた。この会成立の意図について王仁三郎は次のように述べている。

「今やウラルの嵐は何時日本の本土に向かって吹きつけて来るか知れないまでの危機に直面し、また一方太平洋の荒波はこの大和島根を呑まんとしている非常事態なのである」

これはいよいよ日本が巻き込まれようとする大峠に対して、何か一つの答えを見い出そうと考えての王仁三郎なりの打開策であったかのように見える。だが、昭和神聖会の発足は、大本の内部では反対するものが多く、二代教主スミですらも、終始反対であった。しかし、王仁三郎の「神さまがやれと言うからやるのである」という言葉には、反対することはできなかった。

王仁三郎は、この団体で軍服まがいの制服を着、サーベルを下げ、団員を率いる姿は一種の軍隊を連想させた。特に人目をひくのは、戦前、民間の団体として一つの制服を決め、そして活動する組織はこの昭和神聖会が日本では初めてであった。制服を決めただけなら問題はないが、その制服が軍隊を思わせる服装なのに問題があった。

今とはまるで考えられないほど、思想的にも社会的にも監視されていた戦前という時代では、治安維持法による法律によって個人の人権はいともたやすく無視できる状況下であった。

そんな時代にわざわざ誤解を受けるような行動を平気でとるのである。軍服まがいの制服にサーベルを下げ、隊員を従えての行進はまさに軍隊そのものの姿であった。そして、白馬に乗ったり、自転車部隊を従えての王仁三郎の行進、その姿はまさに昭和天皇裕仁の行進と全くうり二つであった。

これだけでも戦前では不敬罪になる。それだけの威圧を暗に、日本政府に対し平気で王仁三郎は与え続けた。政府首脳には、王仁三郎のその態度が歯がゆかった。

このようなスタイルで王仁三郎は日本全国を隈なく廻り、これから始まろうとする地獄をどうにか食い止めようと必死に演説する。

なかでも王仁三郎は、「皇道経済」として、土地の所有について一切私有をやめ、平等の配分を説いた。しかし、これは一歩間違うと地主制度に対する批判ともとれた。農村の貧困化は進み、娘の身売りが相継ぎ、その日の暮らしもままならぬ農家が続出する中で、根本的な解決を図ることのできない矛盾が現実にあった。このなかで、王仁三郎はひたすら真の理想国家の建設を訴えていた。

だが、大本幹部の間でも、王仁三郎の挑発的ともとれる行動には批判的な空気があった。直日は夫の日出麿にわざわざ手紙を送り、間違っても王仁三郎の昭和神聖会運動に関与しないようにと念を押している。そして、スミは昭和神聖会運動に駆り出される信者の姿を見て、「信者さんがかわいそうや」とこぼしていた。

政府首脳はかつて大本が立替え、立直しのスローガンのもとに日本全土に繰り広げた民衆運動に対しての不安を思い起こした。当時、大本は「三千世界の立替え、立直し」を合い言葉に多くの民衆を熱狂の渦の中に巻き込んでいた。

政府首脳は怯えた。このままでは王仁三郎に日本が乗っ取られる。そんな一抹の不安が彼らの脳裡をかすめたろう。事実、王仁三郎は幹部たちを相手に、「わしが天下を取ったら、お前は大蔵大臣や」、「お前は警視総監にしてやる」と言い放っていた（真意は監獄入りを示唆していたのであった）。

この噂が当局の耳に入らぬはずがない。急進右翼主義者頭山満《とうやまみつる》との合体、そして多数の民衆を動員しての威嚇ともとれる演習、あの大化け物なら天下を取りかねない。政治家からみれば、王仁三郎は予言者であり、宗教家でもあり、常人を逸した能力を持ち、民衆に慕われ、多くの指示を集める。

普通の政治家には、持てないものをどれも王仁三郎は手にしている。嫉妬と恐怖が為政者を襲う。

「今度の弾圧では大本をこの地上から抹殺しろ。王仁三郎は死刑だ」

この至上命令のもと、昭和神聖会の運動の興隆は、そのまま王仁三郎を破滅に追いやることになる。

●大本弾圧への挑発

昭和十年四月、王仁三郎は昭和神聖会における精力的な活動を終えていたが、昭和神聖会団体の運動は自立してますます激しくなっていった。昭和神聖会の団体訓練は、単なる集団訓練から軍事的な色彩を強くしてきた。側近の一人が憲兵司令部から忠告を受け、軍事訓練だけは止めるようにとの助言に対しても、そのときは王仁三郎は素直に意見を聞き中止しても、その側近が出張で不在の間は、その助言を無視するかのように軍事訓練にわざわざ身を入れさせるようになった。

そのために側近がもはやこのままでは、王仁三郎の身の安全が保証できかねると進言すると、王仁三郎は「そうか、もう一押しじゃ」とニコッと笑うのであった。この頃、昭和神聖会の構成員は八百万の大衆によって組織される巨大なものとなり、その勢力は無視できないものとなっていた。

しかし、この神聖会運動の激化が弾圧に繋がったことに対して、次のような話が残っている。この昭和神聖会運動が白熱を帯びると、ついに幹部が京都府の秦憲兵司令官に呼び出される。

「中止しないとあかん。このまま続けると、わしも何もでけん…」

秦は元々、大本には好意的ではあったが、立場上そう忠告する以外なかった。恐縮した幹部たちは幹部の東尾に相談し、透明殿に集まり昭和神聖会運動の中止の旨を幹部一同から王仁三郎に勧告する手はずであった。

決議の内容を東尾氏が姿を見せた王仁三郎に恐る恐る申し上げると、王仁三郎の顔色が変わった。

「なに！　お前らがやらないならわしがやる」

王仁三郎の怒りの態度に慌てた幹部の一人が口を開いた。

「聖師さま、そんなふうにおっしゃっても、このままでは大本は大弾圧を受けます」

「来てもいい。キリストは一度、はりつけにならないとダメや」

「キリストがはりつけになるとおっしゃっても、本当にはりつけになられたら困りますがなあ」

幹部の懇願に対して、王仁三郎は真剣な顔で答えた。

「わしは、はりつけになる。そのときにお前たちは『神よ、神よ』と叫んでもダメだぞ」

この一言で昭和神聖会運動の中止はとん挫した。こうして、昭和神聖会運動はますます白熱を帯びてゆく。

十二月六日、綾部を出発した王仁三郎は、鳥取市の大本鳥取分所に一泊したが、いつもは早く休むのにこの日は「話をしよう、話をしよう」と容易に床に就かなかった。

翌日、大本松江別院に到着した王仁三郎は、しばらくして二代教主スミが到着すると、「二代目が来たら明日は大嵐だ」と呟いた。雲一つない真っ赤な夕陽の光景を前に、信者たちはその言葉を聞き、大嵐だろうかと口々に話し合っていた。

その夜、三六亭《みろくてい》の奥の間で寝付けないでいた王仁三郎は、ソバを夜食に召し上がり、やっと床に就いた。

●大本第二次弾圧

昭和十年十二月八日未明、警察当局は七百名に及ぶ武装警官を動員して、大本教の本拠亀岡、綾部をはじめ、王仁三郎の滞在していた松江別院、昭和神聖会の東京総本部を急襲した。この弾圧は第一次弾圧同様、武器も持たぬ王仁三郎を逮捕するために、三百名近い武装警官が立ちはだかった。そして、王仁三郎逮捕を阻止する信徒たちが万が一抵抗するのを恐れ、消火ポンプ放水により、群衆を蹴散らすことを予測し対応策をとっての、物々しい捕り物劇であった。この警官たちの急襲に対して、王仁三郎は平静に応対し、タバコを一服すると連行に来た刑事に対して、「ほなら行きましょう」と席を立つ余裕すらあった。

亀岡では約二百人に及ぶ幹部が逮捕され、王仁三郎は京都府警に護送された。

昭和十一年三月十三日、王仁三郎、スミ、日出麿以下の教団幹部六十一名が治安維持法、不敬罪の容疑で起訴され、結社禁止命令を大本本部、昭和神聖会以下大本関係八団体に出した。今度の弾圧はかつての第一次弾圧を遥かに上回るものであり、徹底的な弾圧が加えられる。綾部、亀岡の聖地は国家権力によって破壊が始まった。聖地にあるすべての建物は、徹底的に破壊、金竜海は埋められ、王仁三郎が精魂こめて建造した月宮殿は、ダイナマイト千五百本を使い、二十一日間かけてやっと破壊した。跡には更地となった廃墟だけが虚しく広がっていた。千五百個のダイナマイト、これはそのまま千五百秋《ちいほあき》の瑞穂《みずほ》の国である日本の破壊を暗示していた。そして二十一日の日数は、七×三＝二十一で七が三つで成る、つまり仕組みの成就を物語っていた。

スミはこの弾圧に対して次のように叫ぶ。

「大本は世界の雛形、それを破壊するなど…」

だが、このスミの言葉も教団の施設を破壊する轟音の前に虚しく響いた。そして、大本に関する著作もことごとく破棄、焼却され、当局は大本そのものの存在を消すべく躍起となっていた。大本にはこの地上から抹殺されるべき運命が待っていた。ナオの奥津城は破壊され、柩は町の墓地に移転され、死者に対する威厳すらなかった。警察側は、王仁三郎を死刑、悪くても無期懲役に追い込む姿勢で臨んでいた。

●第二次世界大戦勃発

この大本の弾圧が不吉の前触れであるように、日本は泥沼の戦争に引きずり込まれていく。昭和十二年七月七日、日華事変が勃発し、日本は中国とのいつ終わるか分からぬ戦争に巻き込まれることになる。この戦争に日本側は多大な兵力と国費を浪費し、国民生活を次第に圧迫させ始めた。

一方、王仁三郎は獄舎に繋がれながら、六年以上の裁判に追われてゆく。

この頃、王仁三郎は第二次大本弾圧の法廷の席で、裁判官との応答で「人虎孔裡《ここうり》に墜《お》つ」という禅問答を挑んでいる。

王仁三郎はこの故事について裁判長に意味を尋ねた。裁判長は、自分は法律家だから、と逆に王仁三郎に意味を問う。

王仁三郎は次のように説明した。

「虎の方が強いため、人は逃げようとして殺されるのだ。刃向かっていっても、結局同じこと。じっとしても虎は腹がへっていると、殺しにくる。どっちでも死ぬことは一緒だ。しかし、ひとつだけ生きる道はある。それは、虎に食われては駄目なのだ。こちらから食わせてやるのだ。食われた後には、何も残らない。しかし、自分の方から食わせてやれば、後に愛と誇りが残るのだ」

大本を徹底的に破壊された王仁三郎にしてみると一見すれば、やせ犬の遠吠えのようなセリフだが、王仁三郎は、大本教団を自ら潰させ、食わせることにより逆に雛形としての型を能動的に動かし、そして日本を救うために開戦を早めた。この贖い主としての立場からあえて逆賊の汚名を一身に受けながら、戦争を早めたことを後の項で明らかにしよう。

ついに大本弾圧の日から数えて、丁度六年後の同月同日に当たる十二月八日、日本はアメリカからハルノートを叩きつけられ、まるで王仁三郎が連行された松江別院のある宍道湖《しんじこ》と音韻の似たハワイの真珠湾攻撃により、日米開戦の火ぶたは切られた。そして、この十二月八日は仏教の開祖釈迦《しゃか》が悟りを開いた日であるが、この日付こそが王仁三郎が『霊界物語』で述べている一部を解く鍵となる。この件については後に触れよう。

獄中という逆境的な身に甘んじながら、王仁三郎は底抜けに明るかった。面会に来る人には、せっかく面会に来てくれても、会話がとぎれると面会が打ち切られることを気遣い矢継ぎ早に質問を投げかけ、面会時間いっぱいまで応対する王仁三郎であった。

そして、看守までが王仁三郎の人柄に打たれ、王仁三郎の牢の前ではわざわざ一礼して通り過ぎる事態になり、当局は何度も看守を替えるほど慌てた。世間からの隔絶、一般の人には辛い牢獄生活だが、王仁三郎自身は教団にいて多忙を極めたときよりは、遥かに平穏な日々であった。

とうとう、昭和十七年七月再審の結果、時の裁判長の英断により、不敬罪では無罪、治安維持法では五年の判決が下り、王仁三郎はその判決文を涙を目にためながら聞いていた。一方、大本を一気にこの地上から封印しようとしていた検察側はこの判決を不服として、上訴した。無罪が確定しながら、保釈の申請に対して前例のない検察側の妨害があったが、ついに王仁三郎たちの保釈が決定し、昭和十七年八月七日、王仁三郎は仮保釈の身となった。そして、「九分九厘絶対危ういところで、掌を返して一厘で救われた」と後に語るが、その真意は後に判明する。六年八ヵ月に及ぶ獄中生活の割には、王仁三郎の顔色は良く、元気そのもので迎えの人の前に現れた。だが、大阪の監獄から出獄した王仁三郎はこのとき、一つの言葉を呟く。

「わしが出た日から、日本は負け始めじゃ」

事実この日、米軍はガダルカナルに上陸し、本格的な反攻が始まる。

そして、一休みした宿屋で面会に来た信徒に王仁三郎は耳打ちする。

「仕組みは成った。わしはこれでご用おさめや、神界に帰れる」

そのときの王仁三郎の笑顔は月のように輝いていた。

後日、幹部の一人が王仁三郎に第二次弾圧に関して尋ねた。

「聖師さまは、知っておられたのに、何でこんなことになりましたか」

この言葉に王仁三郎は次のように答えている。

「神はなあ、『今の今まで言わんぞよ』と、お筆先にあるじゃろう。その実現じゃわ。簡単なこっちゃ」

平然と答える王仁三郎に納得できない様子で、その信徒は食い下がる。

「これには大きな意義があるんですか？」

信徒の問いに真剣な顔で王仁三郎は答えた。

「そうじゃ、それをおまえたちが解明して本当のことを教えてやれ」

この言葉をその信徒は理解しかねた。無理もない、王仁三郎は自らの教団を潰させるように仕組んだ張本人であり、この仕組みはすべて終戦後、日本のサンフランシスコ条約の締結を見て初めて経綸の一端が解け始める。

「仕組みは成った。後は何もせんでええ。後はご用の人間が集まる」

王仁三郎の言葉は周囲の人間にはまるで理解できなかった。

亀岡の中矢田農園で留守を守っている家族のもとに帰った王仁三郎を、連日のように信徒が列をなして面会に出向く。この盛況ぶりに保釈が取り消しになることを恐れた大本側は、全国に連絡をとり、来訪の制限を呼びかける始末だった。

保釈の身となっても裁判は進行中であり、言行は慎まなければならない。しかしそれを破るかのように、王仁三郎は周囲に次のような言葉を言い続けていた。

「大本は日本の雛形、日本は世界の型じゃ、それで日本がやられて武装解除されるのや、それはやがて世界の武装解除の型になるのや」

また、あるときは次のようにも述べている。

「大本は型やから被告はみな無罪になるけど、日本の責任者は助からん、助かったやつもたいがい追放されてしまうのじゃ」

王仁三郎は日本の敗戦と極東裁判によるA級戦犯の処刑、そして占領軍の指令による公職追放を明確に知っていた。

王仁三郎は、来るべき日本の地獄図をまるで見たように予言し始める。昭和十八年、戦局が激化する中、王仁三郎は、面会に来た広島の信徒に次のような言葉を投げかける。

「広島は、今までと違う爆弾が落ちる」

「長崎も危ない」

王仁三郎の言葉を信じた広島、長崎の信徒たちは疎開し、大本の信者は誰一人被爆しなかったと云われる。そして、出兵に行く信徒にはわざわざお守りを書いて与える。しかし、その文面には、「御敵大勝利」と記し、日本の敗戦をすでに予測していた。

●王仁三郎昇天

王仁三郎はまるで何かにつかれたように、陶器の製作に乗り出す。生涯に渡って製作された陶器の数は三千個余り、面会に来た信徒に惜しげもなく与え、王仁三郎亡き後、これらの陶器は陶芸の大家たちに絶賛され、その芸術性を高く評価される。

しかし、自ら土をこねる作業は、七十を越えた老体にはきつかった。出所後も、元気であった王仁三郎はこの作業で寿命を縮め、ついには脳溢血で倒れる原因ともなった。

王仁三郎の予言のとおり、昭和二十年八月六日、広島は原爆による火の洗礼を受け、続いて長崎の原爆投下と続き、日本は最初の被爆国となった。もはや死に体となった日本に追い打ちをかけるように、日ソ不可侵条約を一方的に破棄してのソ連の参戦で日本は満州、樺太、千島列島になだれ込んだソ連軍の蹂躙を受ける。

日本側は、連合軍が提示したポツダム宣言に対して天皇制護持という立場から、この通告を無視し続けたが、ついに八月十五日、ポツダム宣言を受諾し、終戦を迎えた。このとき、講和条約のために組閣された内閣は、鈴木貫太郎を首相としていた。このときの鈴木首相の年齢は、数えの七十七歳。まさに七七で仕組みが成るという型を示していた。また、この日は「聖母マリア被昇天の日」とされ、十二月八日の、「シャカの成道会《じょうどうえ》の日」、つまり悟りを開いた日に、日米開戦を始め、聖母マリア被昇天の日の八月十五日に終戦を迎えた偶然の意味は、どこにあったか、後に触れるとしよう。

この終戦の日、王仁三郎は日本の敗戦の報を聞きながら、「マッカサされた」と言い放った。

翌日農園の離れで胡座《あぐら》をかき、煙草を吸いながら王仁三郎は次の言葉を呟く。

「王仁は興奮して眠れんのじゃ、筆先に陣引するとあるやろう。負けましてお目出とうございます。目ももう鼻もあかん」

すべては王仁三郎の予言のように展開したが、王仁三郎の胸の内は複雑であったろう。人一倍敬国の念の厚い彼自身、祖国の敗戦は神から聞かされてはいたとはいえ、人間としての王仁三郎には耐え難いことであったろう。

九月八日、大審院の判決により、大本の無罪は確定、大本は教団用地の返却がなった。教団側としては、国家への損害賠償の訴訟を起こす準備に取りかかった。しかし、王仁三郎はそれを次のように言ってやめさせた。

「賠償といっても、その金はすべて国民の税金から出ているやろう。わしは何一つ損はしてはおらん」

この言葉に、教団側は国家に対する損害賠償の訴えをやめることとした。そして、ゼロからの教団再建へのスタートが始まる。教団再建は進むが、なぜか往時のような形での再現を王仁三郎は認めなかった。あの精根を込めて完成させた月殿宮は、そばにころがっているかつての元石を集め、土饅頭のように盛り上げ、月の輪台として完成させた。そして、昭和二十一年自ら再建のために陣頭指揮をとっていた王仁三郎はついに脳溢血で倒れ、床に伏すようになった。

昭和二十三年元旦、亀岡の天恩郷の大本大道場の元旦の礼拝の際、二代目教主スミはいつもの笑顔を見せず、身内に大本開祖の神歌「ともしびのきゆるよのなかいまなるぞ　さしそへいたすたねぞこひしき」を三回朗詠させた。そして、一言も口を聞かず瑞祥館に帰ってしまった。この日のスミは、初夢で王仁三郎が瑞祥館から大きな月と化して、月の輪台の石の宝座に鎮まる夢を見せられ、王仁三郎の昇天を覚悟していた。

王仁三郎は亡くなる数日前に介護人三浦久仁子《くにこ》の手を握りしめる。

「お前には世話になったなあ」

その言葉に久仁子は、王仁三郎は死ぬことを予期していると直感して、その手を払いのけた。すると、王仁三郎は次のように呟く。

「わしは、お月さまに帰るんや。わしは月の神さまなんや」

一月十七日、王仁三郎の産土《うぶすな》神社小幡神社からの面会人が持参した手作りのぼた餅を夜、「ボタやんボタやん。このボタやんがなかったら、どんなもんじゃい」と喜んで食べたのが最期の言葉となった。翌日午前八時、脳溢血が再発し、意識不明に陥り、十九日午前七時五十五分、王仁三郎は数え七十七歳の生涯を終えた。産土神社のぼた餅を食べての最期は、人は生まれた神のもとに帰るということを暗示させていた。生前「一日も早く天人界に入り瑞の霊の力示顕たし」と詠み、暗に王仁三郎没後の活動への意欲を暗示していた。王仁三郎の死、それは仕組みの完成であり、大本の型としての神業がすべて隠されている。

●日本の型を示した大本

では、王仁三郎の説く型とは何か、この点について言及するとしよう。

大本の雛形という独特の発想によって王仁三郎は自らの大本を破壊させ、この世の中を変革しようとしていたことについては先にも触れた。

まず、大本第二次弾圧が昭和十年十二月八日の未明に京都府警の奇襲攻撃で始まり、このとき、松江の宍道湖《しんじ》で王仁三郎はだ捕されるが、その六年後の同日、第二次世界大戦は真珠湾攻撃の奇襲攻撃で幕を開ける。ここで同月同日ということもおもしろいが、宍道湖が「しんじこ」であり、真珠湾の「しんじゅ」と読みがよく似ているのも、果たして何を物語るのであろうか。

昭和十一年四月十八日、大本の綾部、亀岡の聖地の所有権を取り上げられ、全国の大本関係の施設は次々に破壊される。それから六年後の同日、アメリカの最初の本土空襲が始まり、全国の主な施設が破壊されるようになる。そして、昭和十七年八月七日、獄中生活を強いられていた王仁三郎が保釈されると、「これで、日本の負け始めじゃ」と言ったが、ちょうどこの日アメリカ軍はガダルカナルに上陸、日本の戦線に影を投げかけるのである。

昭和二十年九月八日、大本は大審院において、最終的に無罪となるが、六年後の同日日本はサンフランシスコ講話条約で、第二次世界大戦は法的に終焉を告げる。これは一体何を意味していたのか。また、大本の受けた弾圧に対する損害賠償権問題を王仁三郎が放棄したように、連合国も日本に対する賠償権を放棄したというのは、見事にここでも呼応し合う。

また、王仁三郎の第二次弾圧で拘束された期間は、六年八ヵ月。アメリカの日本占領期間は、サンフランシスコ条約の締結により、日本が独立するまでの期間も共に六年と八ヵ月。まるで、偶然とはいえ、余りにも符合する。そして、六年と八ヵ月の二つの数字を掛けると四十八の数字になる。

最初に、日本は世界の雛形であるということについて述べたが、それを証明するかのように確かに六年刻みで大本第二次弾圧の事件の現象が日本に現れた。だが、多くの研究家はこの型が現れた事実だけを指摘し、日本は世界の雛形であることが証明されたと、それ以上の言及ができないでいる。

そして、大本内部でも、第二次弾圧の謎として昭和神聖会運動をなぜあの時期に王仁三郎が強行したか、その真意については未だに解明できないのが実情だ。なぜ、王仁三郎は神聖会運動を強行したのか、その謎を解明しない限り、王仁三郎の実像にせまることは不可能なのである。

第二次弾圧に関して王仁三郎がある信者に漏らした「開祖はんのお筆先に今の今はいわんぞよとあるやろう。その仕組みの再来やな」とは何を意味していたのか。そして、この第二次弾圧の意義に対して、「それはお前たちが解明して、本当のことを教えてやれ」としか王仁三郎は言及しなかった。

●弾圧の端となった昭和神聖会運動の謎

実際、昭和神聖会の成立が大本第二次弾圧の直接的な理由であるのは周知の事実だが、理解できないのは、王仁三郎がなぜ弾圧を欲したかという謎である。

当時の幹部の中には、警察の内部の事情に詳しい幹部がおり、その人間を通じて警察の大本に対する情報は大本側に明確に流れていた。

そして、昭和神聖会運動が軍事色を帯びるようになると幹部たちも当惑の色を隠せなかった。しかも、王仁三郎は、神聖会運動中止の助言を無視するかのように軍事訓練に身を入れさせていた。

弾圧を覚悟で、「わしはイエスキリストになる」とまで言い切って、昭和神聖会運動を強行させた王仁三郎の真意はどこにあるのだろうか。

実際、大弾圧に関する情報は明確に王仁三郎のもとに届いており、本来ならば昭和十一年の年明けに警察側は一斉検挙に踏み切る予定でいた。しかし、年明けとの情報が王仁三郎のもとに届くと、「何、年明け！　それなら間に合わん。年内中や」と叫び、しばらくしてから幹部たちに、「わしは年内中に海外に行くとのウソの情報を流せ」とまで指示し、弾圧を早めるように命令している。

徹底して弾圧を欲する王仁三郎の姿は、こうなると大本幹部にも理解できない。

そして、もう一つの矛盾は、王仁三郎が、自分が政権をとった場合に備えて入閣簿を作り、あたかもこの昭和神聖会運動によって、政権奪回の際の構想まで持っていたことにある。大本幹部をつかまえては、「お前は大蔵大臣や」とか、「お前は警視総監にしてやる」と言っていたことをみても、まるで政権奪回を企んでいるとしか思えないふしもある。

これでは王仁三郎は二重人格に映ってしまう。大本幹部は、この相反する王仁三郎の行動の前に理解しかねる事態に陥ってしまった。

●九分九厘の謎

この第二次弾圧の経綸上の意味を知る手掛かりは、王仁三郎が言い残した九分九厘という言葉にある。王仁三郎は第二次弾圧事件から出獄後、保釈の身となった際、「九分九厘絶対危ういところで、掌《てのひら》を返して一厘で救われた」と語っているが、この「九分九厘で掌を返して救われた」とは、『大本神諭』（ナオのお筆先）に次のようにある。

「日本の神国《くに》には九分九厘行た所で、一厘の秘密（火水《ひみず》也言霊《ことだま》也）が有る、手の平を覆すとい云ふ事が書いてあろうがな。」
（明治四十三年旧八月七日）

一厘の秘密が言霊にあるとあるが、「九分九厘で掌を返して」の九分九厘とは何を意味するのであろうか。このお筆先は実はナオが降ろした際、四方平蔵に預け、自分が亡くなったときに王仁三郎に渡すようにと、ナオの生前には公開されることのなかった秘中のものである。この中で、一厘の秘密とは「火水」とも、「九分九厘で掌を返す」とも表現している。

さて、この九分九厘で思い当たるのは、大正五年、十月五日（旧九月八日）に行われた神島参拝である。

このときだけの単なる偶然と考える読者もいると思うが、大本では数の偶然というのはこのときばかり出た現象ではない。昭和三年三月三日のミロク大祭で出した数字を見ても、数字に対する偶然は、大本のお家芸といってもいいだろう。

王仁三郎の数字に対する意識は高い。例えば、第二次弾圧の公判中の席で、昭和三年三月三日に行われたミロク大祭の意義についての質問を受けたとき、王仁三郎は「七七七を重ねるのは大凶悪数でありますから、七七七に三三三を加えて十として祝ったのであります」と答えている。

これが何を意味するかというと、昭和十二年つまり西暦一九三七年・皇紀二五九七年は西暦、皇紀共に末端に七という数字があり、この年の七月七日に勃発した盧溝橋事件から発展した支那事変に対する答えを仕組みがなって第二次世界大戦が起こることだと、昭和三年の時点で予期していたと云われる。このように数字に対する王仁三郎の意識は高い。

そして、今度の西暦二〇〇七年は皇紀では二六六七年ともなり、七という数字が再び重なり合う。この年の七月七日に盧溝橋事件が勃発したように、果たして戦争の飛び火が勃発するのであろうか。

七《なな》という数字は仕組みが成《な》るという意味で捉えると、事実、王仁三郎は自分の七十七歳の喜寿の祝いのとき、「わしは三十三歳や」と言って喜寿の祝いをさせなかったことは先にも述べた。七七とは仕組みの完成であり、三十三と言ったのは、七と三を加えて十とすることにより、火と水の縦と横の結びで仕組みは完成したという意味を含ませ、王仁三郎が喜寿の祝いをさせなかったと考えると、その意味がよく分かる。

さて、先ほどの九分九厘に対するのが一厘ということになるが、この一厘の仕組みについては大本側でも理解しかねているのが実情だ。

王仁三郎自身、この一厘の仕組みは知っていたが、この一厘の仕組みについて何も言及することなく、この世を去っている以上、その全貌を知ることは不可能である。

では、「一厘の秘密（火水《ひみず》也言霊《ことだま》也）が有る」とは何を意味するのだろう。火と水にその答えの一部が隠されているとしか思えない。また、「一厘の仕組みが言霊なり」とあることから、ナオのお筆先に「イロハ四十八文字の身魂で世界中を通用いたさすぞよ」とあるとおり、言霊で浮かぶのは四十八という数字ではないだろうか。

四十八の数字について、王仁三郎は面白いことを述べている。赤穂浪士はなぜ討ち入りのとき助からなかったのか。「四十七士だったからだ。イロハ四十八文字の一字が欠けたから最後の『ウン』がなかった。だから助からなかった」と。ここに王仁三郎は四十八の数字を言霊のイロハ四十八文字と捉え、重要視しているのが分かる。これと同じ数字を実は、第二次弾圧に王仁三郎は暗示させているのである。

第二次弾圧で王仁三郎の収監日数は、六年八ヵ月というのは以前も述べた。そして、六年八ヵ月がアメリカ軍の日本占領期間に相当するのにも言及した。この六年八ヵ月とは、六×八＝四十八という数字が隠されているのである。また、第二次弾圧では起訴された大本側の被告は六十八名であり、六と八と掛けると四十八という数字になる。そして最終的には他界した人を除き、王仁三郎をはじめとする四十八名の被告が残る。これも四十八の数字を秘める。

そして、王仁三郎が弾圧の前に日本全国（台湾も含む）に建てた歌碑も四十八碑であり、王仁三郎は言霊としての霊的仕組みをこの歌碑を通じて仕組んでいたことが分かる。

王仁三郎はかつて第一次弾圧の後に、無罪となって勢力的に日本全国を回った際、スミからカミまで天柱で結んだという。この天柱こそ、実は王仁三郎が日本を霊的な地場として、結んだからくりとしての四十八の歌碑ではなかっただろうか。

この天柱を結ぶというのは、「蟇目《ひきめ》の法」と呼ばれ、聖地綾部や亀岡の建造物はすべて王仁三郎により霊的に天柱で繋がれ、地震のときは地上から離れて浮き上がり、風が吹くと地上に固定して動揺しないから安全に保たれている。そして、天の御柱は綾部に、地の御柱は亀岡に立っているのだという。天とは即ち火であり、地とは即ち水を意味する。綾部と亀岡は霊的に火と水の仕組みで成り立つことになる。そしてこの法は人の知れない深夜に実行しなければならないため、普通の人には分からないものだという。

この現場を実際、『霊界物語』の筆録者、加藤明子が亀岡で目撃している。そのとき、王仁三郎はじっとしたまま建物を約二十分に亘り睨んでいた。その後休憩をとった際、人が来たため「蟇目《ひきめ》の法」が汚されてしまったと語ったという。

この常人には理解できない法により、王仁三郎は世界の雛形として日本の国土の霊的バリアーの完成を仕組んでいたとしか思えない。そして、この天柱の法により、太平洋戦争以後、大本弾圧の型が日本に型として現れた謎が解ける。王仁三郎は、「わしが仕組んだとおり世界が動く」と語っていたのは、一つにはこの法によって、霊的に日本を世界の雛形として仕組んだからであり、日本に仕組んだ型が、今後世界に移写していくと思われる。

四十八の数字、これはナオのお筆先の示す一厘の「火水也《ひみずなり》」「言霊なり」ではないだろうか。一厘の仕組みとして王仁三郎は、明らかに言霊というメッセージを大本第二次弾圧に含ませていたのである。火水とは即ちヒミズ、つまり秘密の仕組みである。

●第一次弾圧と第二次弾圧の共通点

さて、大本第一次弾圧、第二次弾圧、一見すると二つの弾圧は別のように見えるが、実は本質的な部分を除いて共通する面がよく現れている。第一次弾圧は大正十年、第二次弾圧は昭和十年。第一次弾圧の根本的な理由は『大正日日新聞』を買収して、立替え、立直しを広く世に訴えたことにある。一方、第二次弾圧は昭和九年に結成された「昭和神聖会」の運動に端を発すると云われている。すると、

第一次弾圧	**第二次弾圧**
大正九年「大正日日新聞」買収。 ↓	昭和九年「昭和神聖会」結成。 ↓
大正十年「大本第一次弾圧」。 ↓	昭和十年「大本第二次弾圧」。 ↓
昭和二年　大正天皇崩御により免訴（無罪）。	昭和二十年　第二次世界大戦終結により無罪。

この二つを表にすると右のようになる。

つまり、この図からも分かるとおり、第一次弾圧も第二次弾圧も本質的には似た型が現れていることになる。大本の弾圧の十の年とは、縦と横の交わりから火と水の仕組みの完成を意味している。それ故に、第二次弾圧が年明けとなると、十一年となるため、王仁三郎が十年中に弾圧を欲した理由も分かる。そして、日本の終戦も昭和二十年と十を隠し、この戦争の終結はそのまま仕組みの完成を意味していた。

では、本質的に第一次、第二次弾圧の違いはどこにあるかということを検証しよう。

第一次弾圧は、本質的にはナオのお筆先による大本神諭での立替え、立直しが原因である。第一次弾圧でのナオの奥津城の破壊は、ナオの体制の破壊を象徴しているといってもよい。事実、この弾圧でお筆先派と呼ばれるお筆先信奉者の浅野和三郎、友清歓真などは大本を離れる事態となる。そして、次にこの弾圧で、大本側はお筆先による立替え、立直しのスローガンを引っ込める形での自重策を取る形となった。

一方、この第一次弾圧で『大本神諭』に代わる聖典が必要となり誕生したのが、『霊界物語』なのだ。こうしてみると、第一次弾圧はナオの思想的な影響下の強いものが結果的には弾圧を受けているのがよく分かる。

そして、第一次弾圧までは大本本部は、ナオの在世中からの拠点、綾部であったが、第二次

第一次弾圧（ナオの型）	第二次弾圧（王仁三郎の型）
大正九年「大正日日新聞」買収。	昭和九年「昭和神聖会」結成。
←（お筆先による立替えの宣伝）	←（軍の疑似団体活動）
大正十年「大本第一次弾圧」。	昭和十年「大本第二次弾圧」。
（綾部・京都の型）お筆先派の一掃	（亀岡・東京の型）大本の破壊
大正天皇崩御により免訴（無罪）。	第二次世界大戦終結により無罪。

弾圧の直後、王仁三郎は明智光秀の居城であった亀山城を買収し、後に天恩郷を造営し、以後王仁三郎の拠点とした。

綾部と第一次弾圧以後、保釈の身での入蒙で二度目の収監の身となった王仁三郎は、保釈後、綾部から亀岡に本部を移すための本格的な工事に着手している。これはある意味ではナオの旧勢力の強い綾部を離れ、王仁三郎独自の拠点を築くためとも云われており、第一次弾圧以後、いよいよ王仁三郎は精力的に自分の活動を始めている。

建物及び、植栽された草木一本に至るまでに王仁三郎の意図を反映して作った神界の移写が、この亀岡天恩郷である。もっとも綾部と亀岡の雛形としての対比は、綾部が京都の型、亀岡は東京の型と云われる。すると、右の表のように補足できる。

これだけを見ても、実は第一次弾圧、第二次弾圧は本質的にナオと王仁三郎の型であるということが理解できる。

とするならば、第一次弾圧はナオの性格を強く伴ない、第二次は王仁三郎の性格を強く持つもので、第一次弾圧はナオ、第二次弾圧は王仁三郎の型を示しているものと考えた方が分かりやすい。

●第一次、第二次弾圧の従来の解釈

大本第一次弾圧で一厘の仕組みが現象として現れている。

大正十三年、保釈の身で満州に渡った王仁三郎は、その罪から再入獄の身となり、十一月一日、午後一時十一分に保釈され、王仁三郎は自由の身となった。一という数字が連続して重なり合う現象、これは何を意味するのであろうか。これこそ一厘の仕組みであるというメッセージではないだろうか。

王仁三郎は、第二次弾圧で出獄の際、「九分九厘の危ういところで掌を返して救われた」と言っているが、九分九厘は裏を返せば一厘の仕組みであり、第一次弾圧はその意味では一厘の仕組みによって保釈の身となり、結果的には無罪の身となるのをみても、第一次弾圧は一厘の仕組みの予行演習でもあったことが分かる。

その意味で捉えると、実は第一次弾圧も第二次弾圧も共に最悪の状況下で一転して無罪を勝ち取っており、ある意味では似通っている。

日月神示研究家の中矢伸一氏（現在㈲東光社代表）はこの現象を仕組みの三段移写として捉え、第一次・二次弾圧を雛形の仕組みとしている。そして、日本の立替えは太平洋戦争での敗北の外にもう一度、日本に起こると断言しているが、納得できない。

まず、第二次弾圧により大本での雛形としての現象が顕著に現れたのが、太平洋戦争であり、日本の敗北であり、第一次弾圧の現象は何一つこの太平洋戦争では現れていない。この不鮮明極まる内容では、二度立替えがあるという信憑性に欠ける。

確かに大正十年、昭和十年、共に十の数字のときに大本は弾圧を受けている。それだけで、大本の雛形として立替えの型は第一次弾圧で大本が蒙った被害にもかかわらず復活したように、戦後の焦土と化した日本は不死鳥のように再生を遂げたとしている。その後に、第二次弾圧の型が日本に現れるというのだ。

だが、この氏の主張には無理があろう。それは大本第二次弾圧の型が第二次世界大戦の方に明確に現れている理由に関しては言及していないからだ。また、この第一次弾圧が何を意味しているかの具体的な説明がなければ、中矢氏の説には賛同しかねる。この点からも氏の説明には説得性を欠いている。前にも述べたとおり、大本第一次弾圧の型は満州帝国の型とした方が分かりやすい。

王仁三郎は、昭和十七年に不気味な言葉を残す。

「今迄《まで》は世界は王仁の言うたとおりになったが、これからは世界は王仁の思うとおりになる」

王仁三郎はミロク神像出現の日本という雛形で何を霊的に仕掛けたのか、これを解かない限り王仁三郎のからくりは見えない。そのからくりを解くカギが、九州にあるミロク神像なのだ。このミロク神像について、今までの王仁三郎研究家はまったく注目していない。いや、経綸上の意義を見落としていたからである。このミロク神像こそが経綸の謎を解く重要な鍵なのである。

関東大震災の後、王仁三郎が次にこのミロク神像と深く関わるのが、昭和九年九月二十一日のことである。この日、九州別院にいた王仁三郎はわざわざ代理を立てて、このミロク神像に参拝させている。このとき、九州に上陸した室戸台風は日本を直撃し、まるで艮の金神を意味するかのように、艮の方向、つまり東北に進路を取り続け、日本列島を横断、三陸方面を突き抜けた。この台風による被害は、行方不明者死者を含めて、三千三十六人の犠牲者を出すほどの規模であった。三千三十六という数字にも三六、即ちミロクという字が隠れているが、この日、日本に大災厄をもたらすものが実は生み出されたのである。

この暴風雨の吹き荒れる中、大阪帝国大学の講師、湯川秀樹博士が原子爆弾理論の基ともなるべき、中間子の存在を予言している。湯川博士は昭和四年（一九二九）、京都帝国大学理学部卒業の後、同大学講師を経て、昭和八年（一九三三）には大阪帝国大学の講師となり、原子核及び場の量の量子論を研究し、そして昭和九年のこの日には素粒子の相互作用の理論を打ち出し、核力及びβ崩壊を媒介とする新しい場の量子としての新粒子、つまり中間子の存在を予言する。

この理論が骨格となり、後に原爆が生み出されることになるのだが、このミロク神像と王仁三郎が関わった一回目のときは、関東大震災の号外をこの地で受け取り、二回目の代理参拝の際は室戸台風が日本を襲い、このときの湯川博士の中間子理論の完成、偶然とは言えない何かをこのミロク神像は感じさせる。

そして、この中間子理論誕生には面白い背景がある。当時、新設された大阪帝国大学の物理学科の主任教授に赴任したのが、八木秀次である。八木教授は当時電気工学科の主流を占めていた「強電」（電力の発電器といった部門）には目もくれず「弱電」（通信工学や電子工学）を選んだ。そして、八木教授によって発明され、弟子の宇田新太郎により実験研究した「指向性アンテナ」は現在でもＶＨＦ・ＵＨＦのテレビ受信アンテナに利用されている。戦前に磁気録音によるテープレコーダーの研究なども行っており、先見の明のある教授であった。

この八木教授の下に湯川秀樹が付くのだが、湯川は元来神経質なためなかなか論文を提出しなかった。そのため八木教授につかまった湯川は、「論文を早く出せ」と怒鳴られ、不眠状態に陥り必死の思いで書き上げたのが、「中間子論」である。怒鳴られた湯川は、その後教授のもとに全く姿を現さなかったという。

この八木教授の叱咤が、早くこの「中間子論」を生み出させたとしたら、まさに「八木に仕組みをしてあろうがな」との神諭の一節と重なり合う。偶然にしても、この八木の仕組みは原爆理論を早めるためとしか思えない。結果的に原爆誕生のための理論のプロセスが早められたのは確かであろう。だが、この中間子論だけでは原爆の開発につながらないのではと思う読者もいよう。終戦後の九月四日に王仁三郎は次のように言う。

「原子爆弾は日本の博士が発明して、『日本は人道上使えぬ』といって、ドイツへやった。それをドイツは使わず、アメリカに使われたのである。悪いことばかり考えているから、日本に落とされたのだ。日本人が造ったから日本に落ちた」

まるで王仁三郎は原爆を生んだのは日本であり、日本に落ちるのが当然とまで断言しているようだ。確かに八木の八という数字は、決していい意味ではないことは前にも触れた。だが、王仁三郎のこの言葉の真意はどこにあったのか。事実、ドイツは既に原子爆弾の開発に成功しており、単に使用しなかったという点では王仁三郎の言葉は正確であった。

だが、湯川博士の中間子論の誕生がミロク神像と王仁三郎が関わっているときに生まれているとなると、ミロク神像と王仁三郎が関わるときは、大災害と大災厄と深く結びついているという奇妙な現象が現れていることになる。
王仁三郎は昭和三年三月三日に五十六億七千年の末法にミロク菩薩が下生するという意味から、丁度この日に自分が五十六歳七ヵ月に当たることからミロク大祭を行っている。しかも、このミロク大祭に先立ち、幹部を連れて王仁三郎は深夜にもう一つのミロク大祭を執行している。後に、この深夜のミロク大祭が当局から秘密結社による国家の転覆を企てるものと、弾圧の口実とされているのをみても、ミロク菩薩には良いイメージはない。まるで疫病神とも呼ぶべき存在としかミロク菩薩は見えないのである。そして、大二次弾圧で捕まったとき、王仁三郎が宿泊していた場所も「三六亭」である。

「みろくさまがお出ましになりたと申しても、いったんは世界の洗いかえであるから、大本のなかにして見せたことが、世界にみな出るぞよ」

お筆先でもやはり、ミロク菩薩の出現は「世界の洗いかえ」であり、大本にその型が出るという。となると、大本での型は、昭和三年三月三日のミロク大祭で、ミロク菩薩が五十六億七千年後に下生する数字を現すかのように、自分の歳が五十六歳七ヵ月に相当した王仁三郎が実際に生神になったと考えると、「洗いかえ」が現れたのは大本第二次弾圧が型であったとしか考えられない。

●原爆投下の神業的意味

終戦末期、日本は広島と長崎に原爆を投下され、世界史上初の被爆国となった。この原子爆弾の骨格とも呼ぶべき核理論の一部が、日本人によって生み出され、そして日本に落とされたというのも皮肉な巡り合わせとしたら、この戦争の仕組みとしての型は何を意味しているのだろうか。

この点について解明できないと、王仁三郎がミロク神像と関わる謎は究明されないということになる。ここで一つの仮説だが、原爆をこの世に霊的に送り出した張本人が王仁三郎自身だとしたらどうであろうか。

昭和二十年（一九四五）二月十日、アメリカ、イギリス、旧ソ連の三ヵ国によるヤルタ会談で、ソ連首相スターリンは対日参戦を約束した。このとき、ソ連も原子爆弾の開発の計画はあったのだが、ドイツとの戦争に追われていたソ連には余裕はなかった。そのドイツも五月七日には降伏した。そして、残る日本も戦力としては戦争を続行できる状態ではなかった。日本の降伏は時間の問題であった。

広島上空に広がる原子雲―1945.8.6―
（写真提供；毎日新聞社）

だが、戦争終結のとき、戦勝国としてソ連が優位に立つのを危惧したアメリカとしては、自分たちに有利な立場に逆転させる方法を選んだ。戦後、おそらくソ連も原子爆弾の開発に成功する可能性はあった。だが、終戦前にアメリカが原子爆弾の開発に成功すれば、アメリカ側が優位のまま終戦を迎えることができる。

そう判断したアメリカ側は、原子爆弾の開発を急ぎ、国家の威信をかけて最高の学界の博士を動員して、同年七月十六日、アメリカ時間夜明けの午前五時三十分、ニューメキシコ州トリニティーで原子爆弾の実験に成功した。その威力の前に開発に従事した化学者たちは、人道上この兵器の使用の中止を嘆願した。だが、軍首脳陣は膨大な研究費をかけての完成のために、議会の予算審議で議員たちを納得させるには、原子爆弾投下によりその効果を見せるしかないので、博士たちの要求を無視して、決行するしかなかった。

そして、トルーマン大統領により日本への原子爆弾投下の命令が下された。当初、日本での投下候補地として、まだ一度も空爆に遭っていない軍港、都市が原子爆弾投下による威力を知るために選ばれることになった。候補地として、京都、広島、新潟、横浜、小倉が選ばれたが、長崎は後から付け加えられた。

だが、スチムソン陸軍大臣が歴史的に由緒ある京都は日本文化の中心であり、貴重な文化財を原子爆弾で灰塵にするのは理不尽であると主張し、ついに京都はターゲットから外された。原子爆弾投下の日は、八月三日以後とされ、爆弾投下候補地は最終的に広島、小倉、新潟、そして長崎の四都市に絞られた。

運命のときがやってきた。八月六日、広島に投下されるべき「リトル・ボーイ」と命名された原子爆弾が、四トンという重量級の爆弾を搭載すべく改良されたB29「エノラ・ゲイ」で搬送された。最初に飛び立った偵察機二機が八月六日朝、広島上空に到達したとき、広島市内は空襲警報が鳴り響いたが、たった二機ということと何の攻撃もなかったことから、空襲警報はすぐに解除となった。

長崎に投下直後の原爆によるキノコ雲
—1945.8.9—（写真提供；毎日新聞社）

途中、偵察機から「広島上空天候良し」との連絡が入り、エノラ・ゲイは予定どおり広島の上空にさしかかった。午前八時十五分、高度九四七メートルからリトル・ボーイは投下される。リトル・ボーイは広島上空五三三・四メートルの高度で爆発。爆発直後、広島市上空は摂氏三〇〇〇度の熱に覆われた。

ＴＮＴ爆弾一万二千五百トン分の破壊力が広島市を直撃した。被爆による死者の数は、この年の十二月までで推定十四万人に及んだ。この投下日を見てみよう。八月六日は八と六で掛けると四十八になる。イロハ四十八の仕組みの数そのものである。

そしてこのとき、投下されたウラン爆弾は、天然元素としてのウラニウムを燃料とし、元素番号は、九二番である。この数字も掛けると十八となる。十八という数字も、三×六で十八となり、ミロクの数字を潜めているのだ。

そしてもう一個の原子爆弾「ファット・マン」が長崎に投下された経緯も妙であった。八月九日午前三時四十七分、どしゃぶりの雨の中「ファット・マン」を搭載したＢ29「ボックスズ・カー」は当初小倉市を投下予定地として飛び立った。だが、この投下作戦は常にアクシデントに見舞われ続ける。このＢ29は途中で燃料タンクがうまく作動せず、その上天気予報とは裏腹に小倉の天候はかなり悪く、視界ゼロという有様だった。幾度となく小倉上空を往来したが、一向に天候が回復する気配はなく、残り燃料の心配と日本軍に探知される恐れから、投下地点を変更せざるを得なかった。

そのため急遽、投下地点を最短距離の長崎へ変更し、目標地点に向かった。だが、長崎も悪天候に見舞われ、このままでは残り燃料がなくなる恐れがあるため、ついにレーダーによる爆弾投下を決意した。そう判断した途端、雲に切れ目が現れ始め、長崎上空を覆っていた雲海の中に、まるで落として下さいと言わんばかりに雲の中にポッカリと穴が開いた。

この好機を逃がしてはならぬと、レーダーを頼りにしながらもこの穴から「ファット・マン」を投下した。時に午前十一時二分、長崎市の中心部から逸れて原子爆弾が炸裂した。

被爆直後の死者の数は一万人以下だったが、この「ファット・マン」の燃料は、プルトニウムであり、現在確認されている全元素の中で最強の猛毒を放つ放射線元素のため、七万人の死者へと膨れ上がった。

そして、このプルトニウムは人工元素であり、原子炉の中で生成され、元素番号は九四番、九四を掛けると三十六という数字になり、これもミロクの数字となる。

そして長崎に原爆投下したＢ29は沖縄に着陸し、給油を済ませ、無事テニアン島に帰還した。この小倉から長崎に投下予定地を変更した方向が丁度西南、つまり坤の方角になる。そして、投下された八月九日の九はそのまま九分九厘の九の数字と重なり合う。そして、８×９＝72となり、72の数字を足すと７＋２で９となり、９の数字が浮び上がる。

艮と坤の金神の型であるとしか思えない現象として、広島が艮の金神を現すかのように、投下された原子爆弾「リトル・ボーイ」は細長い形をしており、当初「シン・マン（痩せた男）」

と呼ばれていた。一方の長崎の原子爆弾「ファット・マン」は丸く太った形となっている。艮の金神であるナオは小柄で細い体であり、坤の金神の王仁三郎は太った体型である。

艮の金神の型である広島は晴天で、飛行も投下も順調であった。これはナオが神がかりで艮の金神を出現させたように、艮の金神の出現は容易であった。一方の坤の金神に相当する長崎の原子爆弾の投下はどうであっただろうか。整備不良による燃料の不安、悪天候に見舞われるなど順調ではなかった。坤の金神である王仁三郎も、坤の金神に昇格するまでは、役員たちによる迫害を受け続ける。まるで、原子爆弾投下も艮と坤の金神の型としか思えないのである。

このようにたった二個の偶然に落とされた原子爆弾も、実は経綸上の意味が隠されているとしか思えない。原子爆弾投下に関して、当時アメリカでは広島と長崎という場所に限定して投下する予定ではなかった。実験という意味を兼ねて、候補地の中から最適の気象条件に該当する場所を投下当日現地で指示を出して、投下されたのがたまたま広島と長崎であったというだけだったのである。

そして坤の金神の再会という型でミロク菩薩が出現したかのように、坤の金神に相当する「ファット・マン」のプルトニウムは原子炉でしか大量生産できない人工元素である。つまり自然元素から人工物として誕生したのがこのプルトニウムだとしたら、この元素も新たなる出現ということで、ミロク菩薩の出現の型となるのだ。

そして、投下された二種類の爆弾は長崎では縦にキノコ雲は伸び、広島はキノコ雲が横に伸びている。縦と横を結ぶと十字になる。原爆が二個投下された意味は「火の洗礼」の意味である。

まだある。この広島に投下されたウラニウム爆弾の「ウラニウム」の命名は「天王星」のウラヌスに由来する。広島原子爆弾投下のこのとき、広島の天空にはこの天王星がホロスコープでは位置していた。そして長崎に投下されたプルトニウム爆弾のプルトニウムは、「冥王星」のプルトーから命名されている。だが、厳密にいうと「冥王星」からの命名ではなく、「冥府の王《プルトー》」からこの名前がつけられている。長崎への原子爆弾投下のこのとき、長崎上空にはこの冥王星が位置していた。そして、この原子爆弾開発は軍事機密とされ、「マンハッタンプロジェクト」と呼ばれ、プルトニウムは元素番号の九四の数字をひっくり返し、暗号として四九の数字で呼んでいた。四九、つまり七×七で四九になり、七の数字を隠していた。

♇＝プルトー（冥王星）　♅＝ウラヌス（天王星）

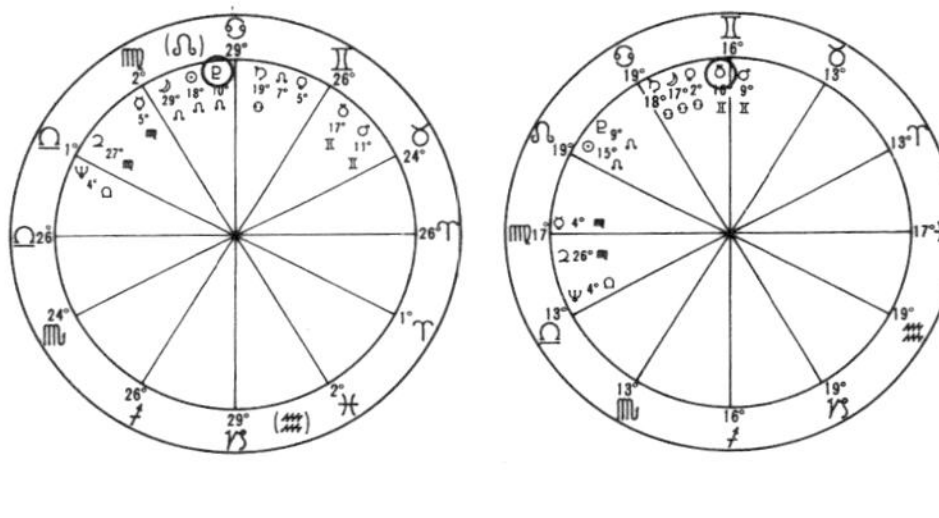

広島（右）と長崎（左）の原爆投下時のホロスコープ
（学研『ムー』1989年６月号から転載）

七とは即ち仕組みがなるという意味であり、原子爆弾の完成は経綸上、絶対完成させるべきものだったことが分かる。イロハ四十八文字が言霊の秘密としたならば、一つ加えた一厘の仕組みとして四十九の数字は原子爆弾による第三次世界大戦を想定し、人類を破滅に追いやるために仕組んでいたのだろうか。

そして、長崎への原爆のとき天上に位置していたこの冥王星がまるで坤の金神である王仁三郎を暗示しているかのようである。冥王星の冥という字は、つまり冥府である地獄、閻魔の庁を意味する。真実、王仁三郎は自分が閻魔大王であるとの記述を『霊界物語』の第一巻の中で触れている。

王仁三郎が霊身で地獄に行き、閻魔大王と対面したとき、王仁三郎に閻魔大王は次のように述べる。

「我の閻魔大王としての任期はもう少しで終わる。そのとき、あなたと共に地上に行き、あなたの神業のお手伝いをしたい」

この言葉をみても、王仁三郎は即ち閻魔大王ということになる。つまり、まさに原子爆弾が長崎に投下されたとき、長崎上空に冥王星が位置していたのは、この閻魔大王が潜んでいたからなのだ。

爆弾を搭載し飛行途中で目的地が変更となり、そして投下された場所が必然的に長崎でなければいけない理由がここで釈然とする。そして偶然とはいえ、この長崎と広島の地名に深い言霊の意味が秘められているのである。

広島の「ヒロ」とは、即ち昭和天皇「裕仁《ひろひと》」の「ヒロ」、そして長崎の「ナガ」とは当時皇后であった「良子《ながこ》」皇后の「ナガ」である。仕組みとは解読できる人でなければ、その意味するものを解くことはできない。

ここで、火の洗礼として、王仁三郎が「わしはイエスキリストになって十字架に磔にならなければならない」と言った謎がここで解けてくる。では、王仁三郎の説く火の洗礼としてのイエスキリストとは何を意味するのであろうか。

かつてナオが在世中、王仁三郎に素盞嗚命が神がかったときがあった。その神格としての素盞嗚命の「世の中の人の罪科を免がれしめんために、その御身をば天地に犠牲となしたまいしなり」という一節をみても、素盞嗚命が贖い主という意味合いを強く持っているのが分かる。とするならば、イエスキリスト＝素盞嗚命という図式になる。この一節を図式化すると上のようになる。

・素盞嗚命＝イエスキリスト（贖い主）
　　世の人の罪・汚れを贖う
・月読命（神格の移行）

第二次弾圧で保釈の身となった王仁三郎は、大阪の旅館で休憩の際、面会に来た信者に漏らした「わしはこれでご用納めや。これで神界に帰れる」という言葉は何を意味していたのか。第二次弾圧を欲した王仁三

	名称	原材料の特性	犠牲者数	破壊力	構造
広島型	ガン式ウラン爆弾「リトル・ボーイ」※1（小柄な昭和天皇）＝ナオの型	ウラニウム（元素番号92番）天然放射性原素　自然に希に存在 最後の原素番号 猛毒	十四（七×二）万人（推定）	TNT爆弾一万二五〇〇トン	比較的簡単。実験せず投下
長崎型	インプロージョン式プルトニウム爆弾「ファット・マン」（大柄な良子皇后）＝王仁三郎の型	プルトニウム（元素番号94番）人工放射性原素※2。人工的に作られる安定した最初の原素番号 現在確認される全元素中最強の猛毒（ウラニウム以上）	七万人（推定）	TNT爆弾一万八六〇〇トン	極めて複雑。トリニティー（同型）で実験し、確認後投下

※1　当初「シン・マン（痩せた男）」と呼ばれていたが、後にこの名称となる

※2　原素番号の93のネプツニウムも人工原素であるが、極めて不安定な原素で、数日中にはプルトニウムに原子転換してしまうので原材料にはならない

郎が、自分の役目はこれで終わりだとしたら、それはまさに素盞鳴命の贖い主としての役目を演じ終えたということになる。

「天地がかえると申すのは、上にあがりておるみたまが、下へおりるなり、下へおちておるみたまが上へあがりて、結構なご用いたすのが、世がかえるのであるぞよ」

お筆先にあるとおり、実は素盞鳴命その

ものの役から月の神への移行とは、「世がかえるのであるぞよ」、つまり敗戦＝大日本帝国の崩壊のためのものであったのが分かる。

そして、王仁三郎の月読命、つまり月の神への神格の移行は、果たしてどこで裏付けられるのだろうか。

まず、亡くなる直前に王仁三郎は介護人に呟いた、「わしは、お月さまに帰るんや。わしは月の神さまなんや」この証言を見ても、王仁三郎の神格が、素盞鳴命から月読命へと移行しているのが分かる。

これらの証言からみても、大本第二次弾圧とは贖い主としての素盞鳴命の役目であったことが理解できる。イエスキリストの贖い主としての役を演ずる、それが王仁三郎の第二次弾圧での逆賊の汚名をあえて受けた理由であった。

「世の立替えといたして、世界には火と水とで、不思議があるぞよ」

この仕組みは、火と水の結びにより経綸が実演されていくというパターンで展開していたのである。まず、ナオと王仁三郎が夫婦役であるかのように二個の原爆の中にも、昭和天皇裕仁と皇后良子の言霊を潜ませる。そして、キノコ雲がタテとヨコに伸びる。これが、ナオと王仁三郎のタテとヨコの仕組みであるのと見事に合致しているのだ。これが火と水の仕組みの真相なのである。

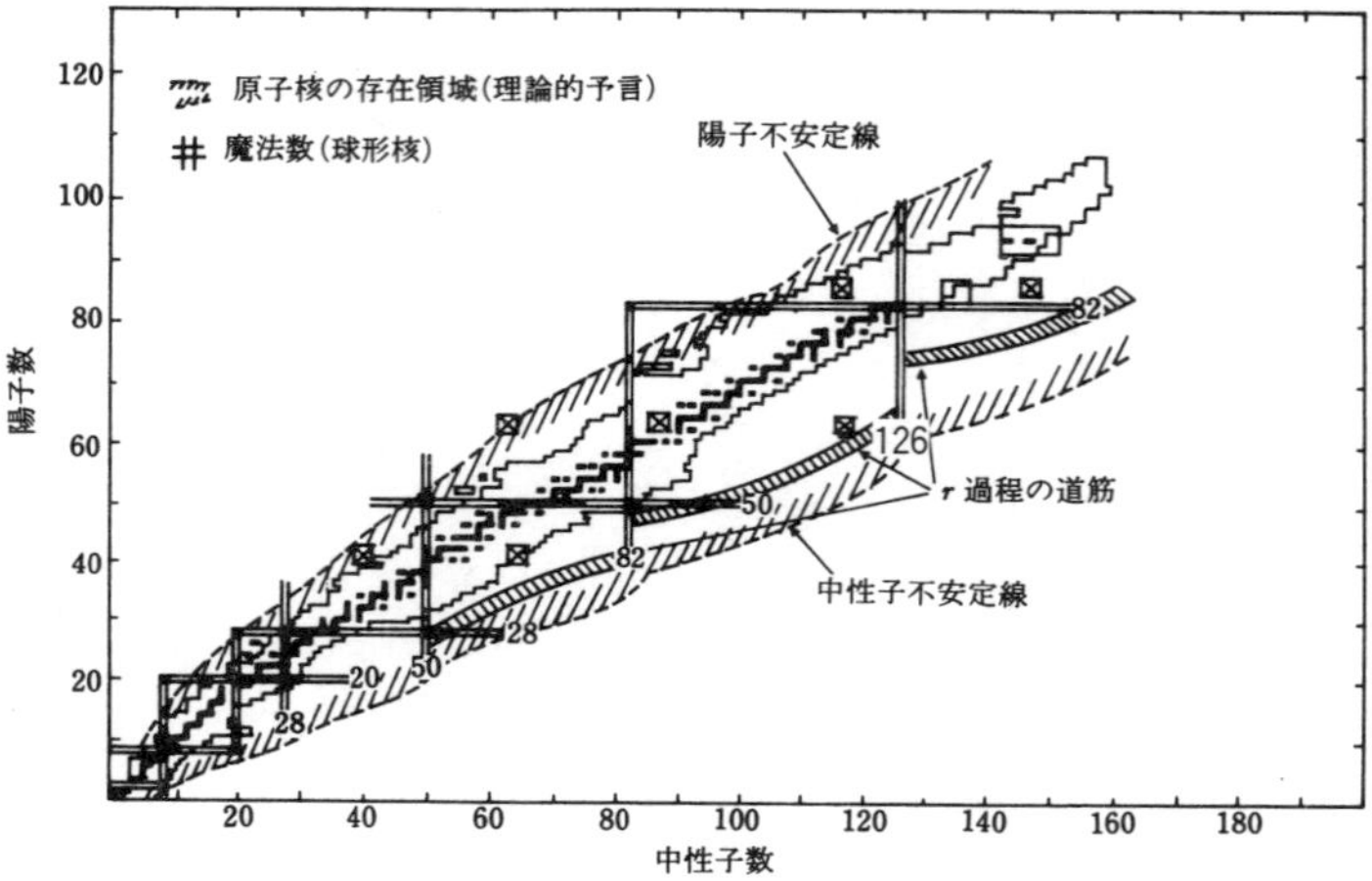

(講談社『現代物理学小事典』小野周監修　から転載)

そしてもう一つ、付け加えるべきことがある。

前に触れた百二十六という数には原子核物理学の世界でも、不思議な現象がある。そもそも原子核は単一なものではなく、複数の粒子から成る。大部分は陽子と中性子だが、この二種類の粒子の数の差が原素の違いを生むのだ。そして、これらの数2、8、20、28、50、82、126・という原素は種々の際立った安定性を示し、この数値を魔法数と呼んでいる。ここでも百二十六という数が出現するのである。

●逆賊の意味

逆賊という汚名をあえて受け、第二次弾圧に臨んだ王仁三郎。まず、この逆賊という負のイメージは、亀岡に造営した天恩郷にも色濃く反映している。この亀岡の本部は元来、亀山城の跡に作られ、元々はあの本能寺の変で名高い明智光秀の居城であった。主君織田信長殺しの汚名を受けた光秀の居城を買い取り、その城跡に本部を造営するというだけでも、負のイメージが強い。

それを承知で亀山城を買収した王仁三郎の意図とは何であったのか。だが、光秀の場合は自ら主君信長を殺して、逆賊の張本人という汚名を受けた。だが、王仁三郎は光秀の逆賊の件に関して、次のように述べる。「光秀の逆賊のイメージは単に江戸幕府が儒教により、主従関係を徹底させるために植えつけたものである」。この発言からみても、王仁三郎は光秀の立場を明確に弁明しているのである。

一方、王仁三郎の場合は主君に当たる国家から逆に迫害を受け、汚名を冠せられた。実際に第二次弾圧では王仁三郎が国家の転覆を企てたとの嫌疑で、徹底的な弾圧が加えられた。実は王仁三郎は、汚名を受ける不遇な状況下を明確に理解していたふしがある。

第二次弾圧の前、亀岡に「透明殿」という建物があった。無論、この名称は王仁三郎が命名したものであるが、「透明殿」の明という字に注目して欲しい。まず「明智光秀」の字は「透明殿」からみると「明秀」の字が逆に入っていることになる。これでは光秀の逆の意になると捉えることもできる。もし、自分が光秀と同じ、謀反としての国家転覆を企てるならば、「明透殿」と命名するべきではないだろうか。

それを逆に字を置き換えて命名している王仁三郎の真意はどこにあるのだろうか。王仁三郎はどうやら光秀とは逆に自分が弾圧を加えられる形で、逆賊の汚名を受ける覚悟でいたとしか思えない。

そう考えると、第二次弾圧の法廷席での裁判長と王仁三郎との答弁で思い起こされるのが、あの「虎穴問答」である。そのエピソードをみても王仁三郎はあえて逆賊の汚名を受け、かつ自分の教団施設、そして組織まで破壊されても、「喰われても、後には愛と誇りが残る」と答えた理由は、雛形としての大本を潰させ、仕組みを早く動かし、最悪の状況から日本を守ろうとしたのならば、王仁三郎のほのめかした言葉の意味が理解できる。

逆賊の罪を一身に背負う姿は、まさに素盞嗚命が高天原で暴虐を働き、それが原因となって姉神天照大神が天之岩戸に籠もってしまった罪を着せられ、高天原から追放された姿と重なり合う。もっとも王仁三郎は、素盞嗚命とは八百万の神の罪を一身に背負い、高天原から追放されたのであって、贖罪であると述べている。

贖罪としての素盞嗚命の姿を、あえて演じなければならなかった王仁三郎の真意はどこにあったのだろうか。多くの王仁三郎研究家はこの点を明確にしていない。ただ単に大本の雛形が日本というなかに現れたことのみを言及するだけで、それ以上の追求はできていない。それでは、王仁三郎の明かそうとしなかった経綸を理解できまい。

●第二次弾圧を仕向けた意図

本来、この第二次弾圧の直接の原因は、昭和神聖会の結成に因を発することは前にも述べた。しかし、この昭和神聖会の結成には大本内部でも批判的な意見が多く、家族の反対も多かった。

そして、幹部たちが反対すると、王仁三郎は「わしは大本の王仁三郎やない。野人の王仁三郎や」と答え、昭和神聖会運動を強行させている。大本内部に反対の空気が色濃く漂う中、なぜ王仁三郎はこの運動を実行しなければならなかったのか。

日本という型をなぜ潰し、世界に波及させなければならなかったのか。この点を解明しなければ、王仁三郎の意図が明確にならない。

まず、大本第二次弾圧の型が、不気味なほどに日本に六年刻みで現れたのは前にも触れた。だが、これが日本を救うために王仁三郎が取った行動だとしたらどうであろうか。

王仁三郎の霊的な仕組みによって原爆の骨格となる核理論が湯川秀樹博士によって生み出されたが、この核理論によって早めに完成された原子爆弾が、皮肉なことに日本側にポツダム宣言を受諾させ、結果的に終戦を早めたことはすでに述べた。

当時、軍部は本土決戦に備え、降伏する気はさらさらなかった。日本全土を焦土と化しても、本土決戦に臨む空気が強かった。もし、原爆の開発がなければ、アメリカ軍はあの沖縄戦のような地獄絵を本土でも展開させ、一般市民をも多く巻き添えとする悲劇を蒙ること必定だった。

その空気を一変させたのが、日本に投下された二個の原子爆弾であり、これが終戦へと流れを変えたのである。もし、王仁三郎の霊的な仕組みによりあの核理論が世に現れるのが、まだまだ後になっていたとしたら、日本国土は完全な焼け野原と化し、今の奇跡的な経済復興もまだまだ先の話で、いまだに日本は再生できないでいたのではないだろうか。

●ツキから見放された日本

太平洋戦争は、日清、日露戦争の奇跡的な大勝利からみると、初戦の真珠湾攻撃以後、奇跡的な勝ち戦は希有といっていいほどない。

真珠湾攻撃の場合は、ハルノートを日本側に一方的に叩き付け、交渉の余地を与えず、戦争に誘い込む。真珠湾に釘付けにさせたアメリカ側の主力艦隊をエサに、日本を参戦に誘い込んだ。しかし、空母部隊は演習中と称し洋上に待機させ、無傷で済んだが、唯一の誤算は日本側の真珠湾攻撃によるアメリカ側の被害が、自分たちの予想を遥かに上回ったことだった。

そして、ミッドウェー海戦ですらアメリカ側に日本側の暗号無線がすべて解読され、次の日本の攻撃目標がミッドウェー島であることは知られていた。しかし、いかに攻撃目標が分かったところで、どのような作戦で日本側が攻撃を仕掛けてくるかは依然として不明であった。

アメリカ側は万全の準備でこの海戦に臨むが、この海戦のために主力艦隊を結集し、応戦すべく対峙した。

今度は、空母も出動させての全面的な海戦である。当時のアメリカ兵の間には真珠湾の大敗による士気の低下が著しいだけに、もしこの海戦でも真珠湾に次ぐ大敗をアメリカ側が受ける訳にはいかない。是が非でもアメリカは勝たなければいけない戦いでもあった。

結果的にこの海戦の勝利で、アメリカ側の兵士の士気は上がり、上層部はこれで戦争に勝てると確信した。一方、日本側はこのバクチとも呼ぶべきこの海戦で大敗を帰し、大半の空母を失い、以後の海戦ではツキから見放されたかのように栄光の座から転落していく。

日露戦争では、バルチック艦隊を撃破する際、対馬海峡を通過する敵艦隊の姿を霊示で示されたり、日露戦争の奉天会戦では何度も日本陸軍が敗走の危機にさらされながらも、敵側の司令官の判断ミスで辛くも壊滅を免れ、奇跡的な勝利に結びつくなど、戦局はギリギリの瀬戸際で逆転勝ちとなった。そのツキが太平洋戦争では全くなく、連合艦隊は真珠湾攻撃以後負け戦が続く。ソロモン海戦は、その中でも唯一特筆すべき勝利ではあったが、それ以外には大局を揺るがすべき決定打とはならなかった。

ミッドウェー海戦でもし日本が勝利を得たとしても、アメリカの工業力の前には太刀打ちできず、最終的にはアメリカの勝利となっていたのは否定できない。そのために日本側の策としては、緒戦で連勝を続け、最終的に講和に持ち込むつもりだった。

その計画がミッドウェー海戦の日本の敗北により、大幅に崩れてしまう。日本海軍はこの戦いで、「加賀」、「赤城」、「蒼龍」、「飛龍」の四隻の航空母艦を失い、巡洋艦「三隈」が沈没、「最上」は中破という被害を受ける。

この命運を左右したのが、「赤城」の艦上で待機していた第二次攻撃隊だった。この第二次攻撃隊は敵機動部隊がいないと判断したため、雷撃用の艦上攻撃機の魚雷をすべて、ミッドウェー基地攻撃のための陸用爆弾と取り替えるために、一時間以上の時間を要する大仕事に追われた。

その作業が完了した時点で、「ただちに攻撃隊発信の要ありと認む」との至急報が届き、この時点で雷爆転装の時間の浪費を避け、この陸用爆弾をつけたままで第二次攻撃隊を飛び立たせたならば敵機と応戦することもできたが、このときの司令官、南雲中将はこれを認めず再度、艦上攻撃用の魚雷と取り替える作業を命じた。

この作業が終わった時点で、ようやく第二次攻撃隊が発進しようとしたとき、突然雲間から現れた敵母艦機の急降下爆撃で、たちまち三隻の母艦が飛行機もろとも戦闘力を失い、一瞬にして日本の大敗は決定する。

このとき、待機していた「赤城」の第二次攻撃隊の編成が、雷撃機三十六機、急降下爆撃機三十六機、護衛戦闘機三十六機という編成であった。ここにも三六、即ちミロクという不気味な数字の暗示がある。この三十六を三つ足すと、即ち百八の数字になり、人間の煩悩とも呼ばれるこの数字も、実はミロクと深く関わっているのが分かる。

このミッドウェー海戦も実はミロクの数字と密接な関係にあり、敗北を暗示させているのが見えてくる。大災厄としてのミロク菩薩の影はこの海戦の中にもあったのである。

●もう一つの太平洋戦争のシナリオ

もう一つの太平洋戦争のシナリオは、すでに王仁三郎の脳裡に浮かび上がっていたのだろう。大本第二次弾圧の直前、王仁三郎は側近の辻天水《つじてんすい》に次のように漏らしている。

「大本はこれで弾圧や。この仕組みが遅れれば遅れるほど、多くの国民が苦しむ」

この言葉が意味するものは何だったのだろう。
もっともこの王仁三郎のこの言葉が、ナオのお筆先に基づいていると思われる箇所があるので紹介しよう。

「綾部の大本は、世界の大元と成る大望な処であるから、此大本に在りたことは皆世界に在るから、此中《このなか》に仕《し》ておることが世界の形に成るのであるぞよ。大本に混《まぜ》りの無きやうに早う成りたら、世界の将《らち》が早うつくなり。又大本の立替が遅く成ると、世界の立替が遅れるから、世界の守護神の身魂が永らく苦しむので、夫れを見るのが神は可哀相なぞよ。此中の立替を早く致して、助ける道を拵《こしら》へておかねば成らんから、神が急《せ》き込むのであるぞよ。」

（大正五年旧十一月二十一日）

ナオのお筆先でも、経綸を急がせることは神の至上命令に近いものがある。では、「助ける道を拵へておかねば成らんから、神が急き込むのであるぞよ」とある助ける道とは何であったのだろうか。おそらく、王仁三郎は助けるべき道の最悪の場合の日本の地獄絵を、はっきりと情景で見ていたのであろう。
王仁三郎の見た最悪の地獄絵を解く鍵が、信州皆神山にある。信州松代町にある皆神山に赴いた王仁三郎は、この地にいずれ帝都が遷ると予言し、天皇のご座所もこの地に遷すようになると知っていた。

実はこの皆神山も上空から見ると十字の形なのだ。亀岡の天恩郷にあった月宮殿も十字型、そして、戦前第二次弾圧直前にくわ入れ式で着工する予定の長生殿も十字の型をしている。そして、広島、長崎に投下された原爆のキノコ雲も重ね合わせると、縦横で十字である。これほど十字にまつわる偶然が、大本や日本に現象として現れている。

戦局が激化すると、大本営では、本土決戦に備え、皆神山の下にコンクリートの地下壕を何キロにもわたって掘りめぐらし、この地に最終的には天皇の御遷座も考えていた。だが信州皆神山への遷都は、結局、昭和二十年八月十五日の終戦により実現することはなかった。それらを図にすると上のようになる。

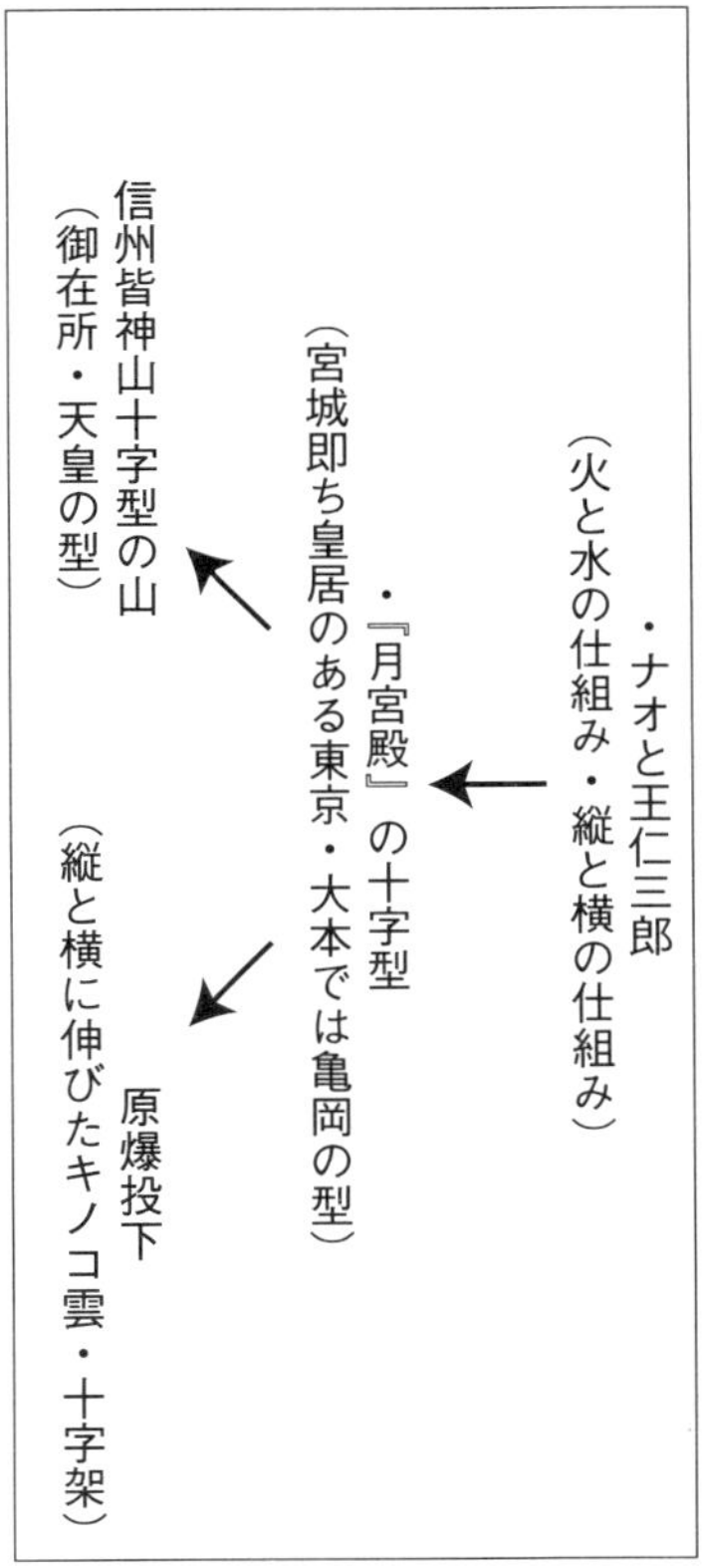

王仁三郎が弾圧を欲し、それによって日本に

大本の雛形が見事に現れたことは前にも触れた。それを強行しなければいけない理由とは、一体何であったのか。それを知る手掛かりが、信州皆神山に帝都が遷都されるとの予言の中にある。もし、湯川秀樹博士の核理論の発表がまだ遅れていれば、原子爆弾の開発はもっと遅れていただろう。

そうなると、昭和二十年八月十五日の時点では戦争の終結はなく、原子爆弾という大量殺戮兵器がないアメリカは、結局ソ連と合同で本土決戦に臨み、山岳地帯の多い日本ではゲリラ戦による戦闘で連合軍側を苦戦に追い込むことになろう。

予言のとおり、このとき帝都は皆神山に遷都され、日本が本土決戦で焦土と化すもう一つの日本の姿が明らかに展開する。すべては王仁三郎の予言のとおりに動いていくことになる。

アメリカが日本に戦争を挑発しなくても、日本は満州の権益をめぐってアメリカと対立し、結果的にアメリカと対戦するのは確かであった。それはすでに大正時代に発表した『瑞能神歌』に発表したとおり、日本がアメリカによって攻撃され、都市という都市はすべて焼夷弾によって、焦土と化す姿であった。

アメリカとの決戦が避けられない以上、その被害を最小限度に食い止めるには、参戦を早めることしかない。そのために日本を大難から中難へ変える方法として残されたのが、大本という雛形の特殊な地場を潰させることで仕組みの流れを変える手段だった。その苦肉の策が第二次弾圧へ向けての国家への挑発だった。

王仁三郎が弾圧へと自らの教団を急いで潰させた答えはそこにあった。その方法で、予定より早く戦争を終結に向かわせることができる、と王仁三郎は考えたのであろうか。

実際、あの戦争で原爆が登場しなければ、ソ連の参戦により祖国分断というドイツや朝鮮の状況下に置かれる悲劇が待ち受けていた。日本は敗戦という最悪の状態で、実は陰から守護されていたという事実が多々出てくるのである。

例えば、太平洋戦争当時の大統領ルーズベルトの急死が、日本には逆に有利に展開したことは余り知られていない。ポツダム会談の席で、ソ連のスターリンはルーズベルト大統領に参戦の条件として北海道の占領を要求した。この際、ルーズベルト大統領は、ソ連の兵力の動員なしでは日本占領はその時点で不可能と判断していたため、スターリンの要求を承諾していた。しかし後に原子爆弾の開発成功で、ソ連参戦の価値はなくなっており、ルーズベルト大統領の急死で副大統領のトルーマンが大統領に就任すると、ソ連の強大化を嫌い、逆にスターリンの要求を無視し、北海道譲渡には賛同を示さず、日本は祖国分断の危機から辛くも回避できた。そのスターリンの北海道占領の野望の名残が、国際協定で強引に国際海峡にさせた津軽海峡なのだ。

日本が辛くも最悪の危機をじり貧とも呼ぶべき戦争の中で回避できたのも幸運と見るなら

ば、日本もまた九分九厘の中で救われたのである。それが王仁三郎がミロク神像に参拝させた晩に、湯川博士がこの世に送り出した核理論によって誕生を早めた原子爆弾が、結局日本の命運を救ったとしたら皮肉という外ないが、結果的には日本は救われたことになる。

悪と呼ぶべきものが実は悪ではない。決して、広島、長崎で亡くなった犠牲者に対してその追悼の意を忘れてはいけない。むしろ、今の日本を守るために亡くなった尊い命であったと思う。しかし、日本を守るために、自らの教団を潰させる手段をとった王仁三郎の心境はいかなるものがあったであろうか。

王仁三郎は獄中での胸中を次のように述べている、「私は神さまから言われて大丈夫だと知っている神の立場の自分がいる。しかし、人間としての自分は果たして本当に助かるのかという不安があった」と。人間側の立場からみるならば、王仁三郎の行為は決して理解できまい。すべては神に命じられるままに、それを果たす神の立場に立つ無私の王仁三郎がいるのである。

考えてみると、かつて金竜池を信者たちに掘らせたときも、底が一枚板の岩盤になっているために水が湧くはずがなく、信者たちは王仁三郎の指示のとおり、掘ることをしなかった。そこで、用事から帰ってきた王仁三郎は寝ている信者たちを叩き起こし、その池を予定の期日まで掘り上げさせた。果たして、湧くはずのない水が金竜海の池にたたえられたということがあった。

その指示を出した王仁三郎は、「神さまの言うとおりにしないとわしは首を絞められる。だから、いやでもやるしかない」とその訳を説明している。すると、大本第二次弾圧も神からの指示で王仁三郎はやらなければいけないように追いつめられていたのだろうか。

「化物《ばけもの》こわいと申すたとえは、こんどのことぞよ。この大本の化物は、三千世界の大化物であるから、すっくり現われて見せたら、いかなるものでも改心いたすぞよ」

お筆先の示す大化物とは、大本という教団を破壊し、日本に霊的に原爆を投下させた王仁三郎に外ならない。

「末法の世をみろくの世に立替えるおりが、一分と九分との大戦いで、三千世界の世の立替をいたすには、神の神力なり。二どめの世の立替の経綸は、知恵学では、出来も分かりもいたさんぞよ」

九分九厘と一厘の仕組みこそが、「一分と九分との大戦い」であり、経綸上、日本に現象として現れた第二次世界大戦の日本の姿でもあった。

●型潰しとしての王仁三郎の苦悩

自らの教団、そして身内、役員、信徒を巻き込んでの雛形潰しという経綸は、常人には納得できるものではない。

「この仕組は経《たて》の仕組で緯《よこ》が開くのであるから、いままではちとわからねども、とうからんうちにわけて聞かすぞよ。経は苦労いたした徳によって、これからは楽な役なれど、緯《よこ》はこれからご苦労であるなれども、結構がわかるぞよ」

「緯はこれからご苦労であるなれども」とは、緯の役である王仁三郎の使命でしかない。ミロク菩薩として、下生した王仁三郎の役目とは、「みろく菩薩が世に出て、世界いちれつ勇む世にいたす大本であるから、この大本はご苦労であるぞよ」とあるとおり、大本第二次弾圧は、まさに「ご苦労」の大災難であった。

事実、「勇む」という字が出てくるお筆先は、「綾部世のもと、艮の金神の住まいどころ、沓島、冠島の荒海を、一寸下は水地獄、それにもいとわず勇みゆく」とあり、地獄にもかかわらず経綸を実演するという至上命令でもあった。実際、この地獄は王仁三郎の娘婿の日出麿に次期後継者潰しとして、警察当局による拷問が集中した形で現れる。

最初拘束してみたところ、五十日に及ぶ本格的な調査の前にも幹部役員が頑なに罪状を否認する態度に当局も焦りを覚えていた。

老齢に達した王仁三郎を拷問で廃人に追い込むより、むしろ後継者で今後の活躍も期待されている日出麿を潰した方が大本再生の芽を摘むことができる。その方がむしろ効果的と判断した警察は、日出麿に拷問を集中させることに目が向けられた。独房から聞こえる日出麿の叫び声に王仁三郎は「拷問にかけられ我が子のヒイヒイと苦しむ声を聞くは悲しき」、「日出麿は竹刀で打たれ断末魔の悲鳴あげ居るを聞く辛さかな」と詠むほどの様子であった。

無論、王仁三郎とて弾圧の手は容赦なかった。取り調べで長髪を引きずり回され、蹴る殴るの暴行が加えられ、失神状態になっている。

弾圧後、警察に取り調べを受けていた大本関係者はわずか一年足らずで、自殺者一人、取り調べ解放後の死亡者二名、自殺未遂者二名であった。しかし、この数字も弾圧から一年の時点のもので、その後に捕まった人を加えると拷問を受けた数は遥かに上回っていた。

とうとう、日出麿は精神異常を来し、その後再び再起することはなく、戦後は精神分裂症のまま教団の三代教主輔として君臨した。そして、実権を持たない日出麿を傀儡《かいらい》として大本内部の勢力抗争が始まる。

大本第二次弾圧はある意味では大本をこの世から抹殺するべくして、当局によって行われた不当とも違法とも呼ぶべき大弾圧であった。この弾圧による戦後の大本は、かつての全盛時代を取り戻せないほどの静寂ぶりである。

この大弾圧で、大本が失った代償は余りにも多過ぎた。そして、王仁三郎は大本教団の現在の内紛を第二次弾圧の保釈後、次のように予言している。

「大本第一次弾圧は梅田でわしが捕まった。そして第二次弾圧は松江で捕まった。これが梅で開いて松で治めるや。今度の竹は中が空《から》やろう。そやから内輪もめや」

事実、大本教団は王仁三郎の初の男孫とも呼ぶべき、出口和明氏が離反し愛善苑を結成し、大本は結果的に三分裂を起こす。ここで、型としての大本の役目は終わりを証明したようにしか思えない。

しかし、大本も愛善苑も共に片手落ちなのである。なぜなら、現在の大本はナオを重要視し、王仁三郎を軽視する向きがある。一方の愛善苑は王仁三郎に傾倒し、ナオを軽んずる気風がある。実際は、火と水の仕組みのとおり、ナオと王仁三郎をワンセットとして捉えない限りは経綸は理解できない。ここに二つの教団の限界があるのではないだろうか。ちなみに大本では、第二次弾圧で完成できなかった建物に長生殿がある。この長生殿の建立で、ミロクの世が到来することから、現大本教団は、信徒から百億近い浄財を集め、この長生殿を完成させた。

折しも、開教百年目に施行期間十年の予定で完成の長生殿は、七年で出来上がる。ここでも七の数字を秘めていた。だが、この長生殿は経綸上全く違う建物である。そもそもこの長生殿は月宮殿同様十字の形をした建物が当初のものであり、十字の形になって初めて経綸が完成するのである。その経綸上の深い意味を理解していないのか、現大本教団は十字と全く違う建物を設計し、完成させた。ここにも経綸を理解できない大本関係者の限界があるのではないだろうか。

そして、三代目教主直日もナオへの思慕を募らせ、母のスミや父の王仁三郎を軽視し、スミ昇天の後は「宗教は芸術である」の王仁三郎の言葉を利用し、もともと大本の修業にはなかった茶や能に傾倒し、大本の信者はこの二つができなければ信者にあらずという事態を招いた。そして、直日本人も、米の数字を暗示するかのように、八十八歳の生涯を閉じる。

すべては仕組みのままに大本そのものも歩んでいたのだろうか。また、日出麿自身もイエスキリストの型を示すかのように、十二月二十五日、イエスキリストの誕生日とされるこの日に昇天した。型を出し続けた大本そのものは、この三代に亘り型で始まり、型で終わりを告げるのである。

●今や民族意識の欠如した日本

現在の日本を見ると、戦前の日本と比べものにならない国へと変貌した。戦前以上の繁栄を続ける資本主義国家日本の誕生である。この繁栄と共に日本は戦前の大事なものを多く失ったのも事実である。

現在の日本は経済的な繁栄と同時に精神面で欠如したと指摘されても、それに異論はない。左翼の思想的な教育によって、自虐的な日本史を教えられてきた若い世代には日本に対して誇りすら持てなくなっている。これが果たして長期的な視野に立って王仁三郎が残した国家の姿か、仕組みの面から疑問に思う読者も多いだろう。

最近、日本でも民族主義の台頭によって、民族の自覚を促す機運が出ている。これは愛国主義者には微笑ましい光景であろう。だが、王仁三郎は次のようなメッセージを残している。

「中東は業が深い。だから救われないだろう」

一見すると中東紛争を予想しているようにみえるが、実は王仁三郎は次の言葉を側近の辻天水に漏らしている。

「いいか、大本の弾圧で日本の型で最初に潰れるのは仏教やろう。最後までキリスト教が残るやろ」

意外な発言に天水は耳を疑い、再度尋ね直したという。

「聖師さま、なんで宗教を潰すのですか？」

「当たり前や、ミロクの世に宗教があってどないするんや。ミロクの世には宗教はない世界や。唯真一神のみ拝むのや」

王仁三郎のこの言葉は何を意味するのだろう。これを解かない限り、我々は単なる研究家としての立場から脱することはできない。

中東で起こる紛争、これは詳しく述べるといろいろな諸問題があろうが、結局は民族、宗教問題によるものでしかない。日本は第二次世界大戦の終結と共に民族としての自覚も喪失してしまった。そして、占領軍が日本に押しつけた平和憲法が日本人としての独立性も奪う結果となった。腑抜けなほどまでに民族の自立、自覚のない国民が誕生したのが、戦後世代である。

愛国主義者が日本の自立性を叫んでも、平和という名のもとに幾ら他国から内政干渉のような言動を吐かれてもぺこぺこし、土下座外交を繰り返す日本の政治家たち。こうなった日本には他国と戦う気概も気骨すらもなく、これが今の日本国民の姿である。

そして、限りなく無宗教化する日本国民。ある意味では、不幸せだが、ある意味では幸運だったのかも知れない。

宗教というイデオロギーが平気で大量殺戮を繰り返す例は、あの某宗教団体が引き起こした毒ガス事件により日本でも証明されている。王仁三郎の語る宗教を潰すのだと語った真意は、結局宗教の持つ独善排他性がある限り、この世は真の平和な世にはならないということである。民族主義も同様に一歩間違うと争いを起こす可能性を秘めている。

王仁三郎が戦後の日本へ仕掛けた仕組みとは、普遍的な世界市民としての在り方を日本人に模索させているのが今の現状なのかも知れない。無宗教な若い世代が輩出しつつあるとはいえ、募金活動による協力では現実には大人よりも高校生、中学生が圧倒的に多いのは、宗教という次元と異なった形の善という形が現れているように思えてならない。

下手な愛国主義、民族主義が戦争という手段に結びついていくのだとしたら、今の日本は世界市民という一つのモラルを形成しつつある過程なのかもしれない。

さらに戦後の世界構造も実は王仁三郎が仕組んだとしか思えない。戦後の体制では、西ドイツ、東ドイツ、北朝鮮、韓国、そして中国共産党と台湾の国民党政府。それぞれが二つに別れている。艮と坤の金神の和合の型をとるように、西ドイツと東ドイツの二つの国が統一を果たす。この日が平成二年十月三日、旧八月十五日に当たる。つまり、マリア被昇天の日で、かつ太平洋戦争の終焉の日で、日本の型を示した。その結果、和合がミロク菩薩を生み、一つの大災厄をもたらしたように一年後の平成三年十二月二十五日のキリストの誕生日に巨大な帝国ソビエトが崩壊した。マリア被昇天の日にドイツを統一させ、キリストの誕生日に逆に破壊をもたらしたのも型であろう。

今後、北朝鮮と韓国の統一がどんな形で実現するかは不明であるが、そのときまたどこかの体制としての国が崩壊するのであろうか。そう考えると、王仁三郎がすべては二つの仕組みでできていると語った意味も解けてくる。王仁三郎は終戦のみならず、戦後の世界構図まで仕組んだのだろうか。

●五六七の日本の型

実は大本の裏神業に関わった某先生は日本にもこの五六七の数字が型で現れていると指摘する。まず五六の数字とは、真珠湾攻撃のときの元帥が、山本五十六《やまもといそろく》である。五十六の名前は父親が五十六歳のときにできたことに由来するが、この数字は明治維新の大日本帝国誕生から、太平洋戦争終了の大日本帝国消滅までの通算年数七十七年間の「七」の数字を加えると、五六七の数字が浮び上がり、即ち五十六億七千年のミロク菩薩下生の型を再現している。

また、王仁三郎は、日本という型では日本の明治政府崩壊と日本の独立までのことを仕組んでいたということになる。そして、王仁三郎の仕組みとは、軍国主義に走った天皇制の崩壊の経綸であったのではないか。その理由としては、昭和神聖会運動は経綸上、天皇裕仁の型であるとする。王仁三郎が道院では尋仁《じんじん》という道名を持っているが、この名前こそ実はヒロヒトとも読めるのである。なるほど、亀岡が東京の型と云われるのは、実は亀山城に天恩郷を築き、月宮殿を十字の形で現し、そして堅固な建物として構築した理由こそ、戦前、東京の宮城と呼ばれた江戸城である皇居を示していたのである。

そして、綾部は伊勢、亀岡は東京の型と大本では解いているが、王仁三郎の玉言集『新月のかけ』の中では、「綾部は京都、亀岡は東京」と述べている。すると、綾部が京都であるとするならば、王仁三郎が第一次弾圧の後、綾部から亀岡に本部を移すのは、京都から東京への遷都の型をそのまま実演していることになる。

戦前は現人神と呼ばれた裕仁天皇は、日本の敗戦で、翌二十一年（一九四六）の正月、自ら人間宣言を行い、その神格を否定する。擬軍隊としての昭和神聖会の制服は、実はそのまま戦前の軍服であり、そしてその軍事訓練もすべては戦前の軍隊の型を現していた。

だが、私としては大日本帝国の存続期間の七十七年とは、王仁三郎の死亡した年が数えで七十七歳に相当し、明治元年九月八日に誕生した大日本帝国から、昭和二十六年九月八日のサンフランシスコ条約での日本独立までの通算年数の八十三年がナオの寿命の数えの八十三歳に相当すると考え、縦と横の仕組みとした方が分かりやすいだろう。昭和十二年に勃発した日華事変こそ、西暦では一九三七年の七月七日であり、こちらの七の数字が日中戦争による泥沼の戦争に巻き込まれる決定的な引き金であり、この七の数字を捉えた方がすっきりする。

さて、王仁三郎が経綸上、天皇制打破を仕組んだと考えると、原爆が投下された長崎と広島の字に、広島の「ヒロ」に裕仁天皇の「ヒロ」、そして長崎の「ナガ」に当時の良子《ながこ》皇后陛下の「ナガ」が言霊的に隠されていた謎が解けてくるのである。変性男子、変性女子の結びとして、天皇と皇后の名前として言霊的に隠されていたのである。

そして、ナオのお筆先の「錦の機《にしきはた》」の意味がこの解釈によって解けてくる。多少、長くなるが掲載しよう。

「これからは、兵隊がいちばん苦労であるから、神にすがりておる人民は、いちばんに兵隊への願いをしてやりて下されよ。兵隊は暑さ寒さのいといなく、しばられておるのざぞよ。

もとからの身魂がしらべてありての、二どめの世の立替えであるから、身魂の性来《しょうらい》がよくあらためてあるので、おちぶれ者をあなどることにならんぞよと申して気がつけてあるぞよ。世におとしている身魂が、こんどの二どめの世の立替をいたすには、まにあうのであるぞよ。

錦の機《はた》にたとえて、変性男子のおん役は経のおん役で、ちっともちがわされんご用であるから、つらいおん役であるぞよ。

変性女子のおん役も、ご苦労なご用であるぞよ。（中略）ここまでくるのには、人民では見当のとれん仕組がしてあるぞよ。

機《はた》をおりもって、どんな模様がでけておるか、織る人にわからん仕組がしてある、機が織れてしまわんとわからんぞよ。できあがりてしまわんと、まことの仕組はわかりはせんから、みなご苦労であるぞよ。

霊《みたま》が変化《へんげ》いたさなでけん仕組がしてあるから、もうこのさきは、よくわかるなれど、これまでには、わかりたら邪魔がはいるから、九分九厘までは分けて言われん大事の仕組であるぞよ。

言わんでもわからんし、わかりたらかんじんの仕組の邪魔をいたすし、言わんで疑うし、つらい仕組であるぞよ。

ほどなく実地をはじめるから、しあがるまでは、知恵でも学でもわからん、むかしからの仕組であるから、できあがるまでは、わからんと申してあるぞよ。

仕組がふかいから、筆先をじゅうぶん読みて世界を見ておると、筆先どおりが出てくるなれど、筆先の見ようが足らんと、かんじんのことが分からんぞよ。」

（明治三十六年旧十一月十九日）

この先の文章の「兵隊」を戦争としてみたら、明治三十七年に始まった日露戦争にとれないこともない。しかし、「兵隊は暑さ寒さのいといなく、しばられておるのざぞよ」という一節で、寒気で厳しい中国での戦争とすると、暑さという点で疑問が残る。すると、南方に戦局を拡大していった太平洋戦争と考えると、悲惨な光景そのものではないか。

そして、「霊《みたま》が変化《へんげ》いたさなでけん仕組」とは、坤の金神に神格が移行し、そしてミロク菩薩へ移行していく王仁三郎そのものであろう。次に、「錦の機《はた》」とは実は「錦の旗」と直したら、明治維新を遂行するため薩長連合によって、錦の旗を打ち立て、進軍し、倒幕を果たした明治政府の姿そのものである。すると、「機が織れてしまわんとわからんぞよ」の一節は、実は「旗が折れてしまわんとわからんぞよ」という意味なのである。

「錦の旗が折れる」、それは即ち現人神と明治政府が定めた天皇の神聖性の破壊でしかない。明治政府が造り上げた天皇制とその神格の破壊、これが王仁三郎が仕掛けた仕組みなのである。

「わかりたら邪魔がはいるから、九分九厘までは分けて言われん大事の仕組であるぞよ」との一節は、軍国主義と結びついた天皇制、現人神天皇の否定を現すものとしたら、当時天皇絶対化主義の状況下の中で絶対明かせぬ仕組みでもあった。そして昭和神聖会を結成した王仁三郎の意図が明らかとなる。まず、昭和神聖会の「神聖」とは明治憲法に定めた「天皇は神聖にして犯すべからず」の一節からすると、「神聖」とは「天皇」となる。つまり、昭和神聖会の「神聖」とは天皇であり、昭和天皇となってしまう。ここにも王仁三郎が型として、昭和神聖会を作った謎が解ける。

では、「仕組がふかいから、筆先をじゅうぶん読みて世界を見ておると、筆先どおりが出てくるなれど、筆先の見ようが足らんと、かんじんのことが分からんぞよ」とは、何を意味するのか。第一次弾圧前の大本では開祖ナオのお筆先の平仮名と数字まじりの文体に、漢字を当てはめる権限は主に王仁三郎だけに与えられていた。仮名と数字の羅列する文章に漢字を当てはめるとは、王仁三郎自身が自由に神諭を解釈できるということであり、わざと文意をにごすことも可能なのである。

その点から考えて、「筆先をじゅうぶん読みて」という一節を見るには、王仁三郎が本当に伝えたかった文章が、実は隠されているという意味が理解できる。

●明治維新も艮の金神の復権運動

では、なぜ坤の金神がミロク菩薩として変化し、破壊主とならねばならなかったのか。

その答えは、幕末の徳川幕府の崩壊劇に隠れているとしか思えない。この江戸幕府崩壊劇は見方を変えると、鬼門の金神の復活への型の走りでもあった。

江戸幕府成立当初、家康、秀忠、家光の三代の将軍に仕えた天海上人《てんかいしょうにん》は、当時造営されつつあった江戸の街並みを風水による霊的結界として布陣し、風水による建物の配置で、徳川幕府の長期安泰をはかった。事実、過去幕府を開いた鎌倉、室町幕府と比べると江戸幕府の政権は約二百七十年にも及ぶ、長期政権であったのをみても、天海上人の霊的バリケードとしての布陣は完璧だったと言ってもいい。

その天海上人も、無論「艮」の方角をかなめとして重要視しており、江戸城から表鬼門に当たる方角に京都の比叡山と同様に徳川家の菩提寺としての寛永寺を配置し、そしてその先の表鬼門（東北）の方角に後に御三家となる水戸藩を、そして、裏鬼門（坤の金神）の方角に紀州藩を配置して、霊的砦としての布陣をしたことは最初に触れた。

そして、この怪僧は不気味な予言を幕府に残す。

「水戸藩から将軍を迎えてはならぬ。もし迎えたとしても、副将軍の地位に甘んじさせておけ」

この予言を信じた幕府は、名君としての誉れ高き水戸藩藩主、徳川光圀を将軍にすることなく、最後まで副将軍の地位にとどめた。それほどまでに、当時の人は鬼門の力を信じ、恐れていたのである。しかし、水戸藩にとっては迷信であり、迷惑な話である。

「表鬼門から迎えてはならぬというならば、裏鬼門の紀州藩から出た八代将軍吉宗はどうなる？」

水戸藩にすれば、紀州藩出身の八代将軍吉宗が将軍として輩出している前例もあり、その上幕府は安泰であったではないか。そういう反論が水戸藩にはあったろう。ともあれ、この迷信を打ち破らなければ、水戸藩には前途がない。自分の藩からの将軍輩出は水戸藩の悲願でもあった。

そして、ついに悲願の水戸藩からの将軍が登場する。歴代の藩主の中でも、名君の誉れ高き、その藩主こそ水戸藩からの最初で最後の将軍となった十五代将軍慶喜である。だが、慶喜が将軍に就任した結果、大政奉還で幕政を朝廷に返上し、無血開城による江戸城明け渡しで、事実上徳川幕府は崩壊する。ここに天海上人の予言は、皮肉にも事実となって現れた。

だが、この慶喜の将軍擁立は、十四代将軍の席をめぐってすでに表面化していた。時に十三代家定は病弱の上に跡継ぎもなかった。そのため、次の将軍のポストをめぐり、水面下で争いが始まっていた。慶喜は、水戸藩主斉昭の七男として生まれ、このときは、御三家に次ぐ親藩一橋家に養子で迎えられていた。

この当時、日本は嘉永六年（一八五三）、アメリカ合衆国の提督、ペリーが四隻の軍艦を率いて浦賀に停泊し、国交・通商の開始を要求する大統領の親書を提出し、明年その回答を求めると約束し去った。ペリー来航により、鎖国の夢を貪っていた日本は今までのように鎖国か、開国かをめぐって国論は沸騰した。

この時期、外国勢力の一掃を主張する尊皇攘夷派は朝廷の権威を利用して、幕府に尊皇攘夷を決意させようと暗躍していた。この混乱に乗じて、幕閣を狙う大名勢力が京都に繰り出し、朝廷への接近が始まった。時の孝明天皇は、弘化三年（一八四六）に十六歳で即位し、このときには二十二歳、尊皇攘夷を唱えていた。

御三家の一つである前水戸藩藩主徳川斉昭、大廊下詰大諸侯の指導的地位にあった越前藩主松平慶永、大広前詰外様国持大名の中心人物、島津斉彬らその雄藩が、朝廷に接近を試みていた。そして、時代は敏感に太平の世から混迷の時代に向かおうとしていた。

この混迷を告げるかのように、この安政年間は、まるで艮の金神の出現を暗示するかのように、異常に地震の多い年でもあった。元年一月には奈良から四日市辺りへかけての大地震が発生した。十一月には東海、東山、南海諸道の大地震・大津波、さらに翌年十月には江戸でも大地震が起こり、約一万人に近い死者を出す。この安政の六年間で、多少にも被害があったのだけでも、十三回の地震が記録されている。

安政元年三月三日、七隻の軍艦でペリーは再び来訪し、江戸湾内で軍艦の威力を誇示し、ついに幕府は屈した形で『日米和親条約』に調印した。この頃、相次ぐ地震の発生に人心は大いに揺れていた。その世情不安の時期、今まで譜代大名らが独占していた幕政に対し、朝廷の権威を利用して雄藩による幕政参与に乗り出そうとして利用されたのが、慶喜であった。

保守派とも呼ぶべき譜代大名勢力は井伊直弼を中心に結託し南紀派として、後の十四代家茂を擁立する。一方の雄藩の改革派は、慶喜を擁立して対抗した。朝廷も慶喜を支持しており、情勢は慶喜側に有利に働くかのように思えた。

もし、この改革派の念願とする十四代将軍に慶喜が擁立されたなら、西南の方向の坤の金神に当たる薩摩藩と艮の金神の方角の水戸藩との和合による二藩の結託で、雄藩による幕政が実現し、尊皇攘夷が推し進められ、公武合体という形で明治維新は別の方向を辿ったであろう。

だが、歴史とは皮肉なもので、十四代将軍の座に家茂を選んだ。井伊直弼は大奥に隠然たる勢力を持ち、ついに安政五年（一八五八）四月大老に就任、勅使を待たずに『日米通商条約』に調印し、慶福（十四代将軍家茂）を将軍継嗣と定めた。朝廷の意向に反しての調印、将軍の跡継ぎ決定と強引とも思える大老の態度に、尊皇攘夷派はこれを非難した。

その批判のさなか井伊直弼は、一橋派に対して強圧的な処置に臨み、斉昭に謹慎、慶喜の登城を差し止めた。そして陰暦九月、「安政の大獄」により、志士の逮捕が行われ、一橋派の公家、大名、幕府役人は一斉に処罰されたのである。

為政者側の大老井伊直弼は、まるで艮の金神の出現を阻止するかのように、慶喜を支持した一橋派を弾圧するのに、躍起になった。艮の金神を封印しようとする井伊直弼の弾圧に対して、艮の金神の怒りはすさまじく、艮の金神の象徴とも呼ぶべき、艮の方角の水戸藩の志士たちにより非業の死を遂げる。

いわゆる桜田門外の変である。万延元年（一八六〇）三月三日、時の江戸幕府の大老井伊直弼が、登城中、駕籠ら十八名の浪士たちに襲われ、暗殺された。時の江戸幕府の権威はこの事件を契機に失落した。暗殺された井伊直弼大老とは、当時将軍と同じ権限を持つ、言わば将軍と同格の地位である。そして、暗殺された桜田門は、当時の江戸幕府の表玄関に当たる。その徳川幕府の象徴とも呼ぶべき場所で、将軍に準ずるべき大老が幕府のお膝元とも言うべき江戸で殺されたというのは、当時の社会情勢ではショッキングな事件であった。

「何でも、大老さまを殺したのは水戸藩の浪士たちだそうな」

「水戸藩！　御三家の将軍さまの身内ではないか」

人々は寝耳に水のように事件を聞いて、仰天した。

「身内とも呼ぶべき、水戸藩が将軍家に手をかけたとなると、幕府の結束は恐れるには足らん」

内心こう思った諸大名もあったはずである。そして、この事件は来るべき幕府の崩壊を告げる前触れでもあった。ともあれこの変によって、幕府の土台は揺らぎ始めた。

この大老井伊直弼の死により、幕府は今までの政策を改め、公武合体という方針に臨み、文久二年（一八六二）、孝明天皇の妹和宮を将軍家茂の夫人と迎えた。しかし、この結婚が尊皇攘夷派を逆に刺激し、翌年天皇は自ら賀茂神社、石清水八幡宮に行幸《ぎょうこう》となり、攘夷の祈願が行われた。

だが、天皇は終始一貫して攘夷を熱望したが、倒幕には反対であった。このとき、倒幕を主張する長州藩は、この年の八月十八日の政変によって、京都から追放され、一転して、攘夷派が主導権を握る形になった。ここで今までの体制が解体して、諸藩士会議がこれに変わる。そもそも攘夷とは名も実もないような主張であった。だが、この日付を数字にすると八十八となり、米の仕組みとなることを付記しておこう。

薩長の雄藩は、鹿児島の薩英戦争と下関砲台事件での外国勢力との交戦で外国の実力を知り、攘夷よりも開国に方針を切り替えていた。

このとき、イギリスの公使パークスは、政権を幕府から、朝廷をいただく諸藩連合体に移すという提案をし、武力倒幕でなく「公武合体」の線に沿う武力によらない不安定勢力の収拾という案であったが、結局幕府中心の絶対主義のこの案は受け入れられなかった。

貿易の利害から、倒幕の動きに出たのが薩摩藩と長州藩であった。慶応元年（一八六五）の初めに幕府による長州征伐の動きに対抗して、ついに薩長同盟が成立し、幕府軍はこの戦争によって敗北した。

この二藩の共通点は、実は艮の金神と同じ立場に一度転落したと解釈すれば面白い。長州藩の場合は豊臣秀吉の時代、毛利百万石という禄高を誇り、豊臣政権では五代家老の一員としての地位を誇っていた。それが、秀吉亡き後の関ヶ原で敗れ、一転して禄高三十万石クラスの大名に転落しており、地に墜ちた上（神）となった。一方の薩摩藩・島津家は、豊臣時代に秀吉の命令に従わず九州に戦火を繰り広げ、ついに九州全土を攻略するが、秀吉の島津征伐により、臣従を誓い、元の領地七十七万石に追いやられてしまう。そして、関ヶ原では西軍に関与したことから、藩の取り潰しの危機となったが、かろうじて免れた。

二藩は、幕府に関ヶ原の時代からの深い怨みを持つという意味では、祟り神の金神での似姿ですらあった。薩摩藩は取り潰しの口実を与えぬよう、隠密による情報収集を阻止するために、わざわざ独自の国言葉としての薩摩弁を作り、そして、長州藩では先祖代々上層部と藩主による打倒徳川家への誓いを秘密裏に続けてきたという。

鬼門の金神とおとしめられ、そして祟り神となった二藩こそ、「地に落ちた鬼門の金神」の型ではないのだろうか。この地に落ちた神として倒幕に参加したのが、坤の金神の型の先走りとしての薩長連合の結成と捉えると不気味なほど辻褄が合う。

さて、最初に桜田門外の変が、艮の金神出現の妨害の先走りをしたが、ついに最後の将軍と呼ばれる徳川慶喜の出現により、幕府は終焉を迎える。

水戸藩から迎えられた最後の将軍慶喜こそが、この艮の金神出現の型なのである。慶喜も安政の大獄に連座して隠居謹慎命じられ、一時期不遇な時代を過ごしている。この権力抗争に破れ、一旦不遇な境遇に置かれた時代、これこそが地に落とされた神としての艮の金神の似姿である。

しかし、桜田門外の変で大老井伊直弼の死と共に罪を解かれ、十四代将軍家茂の後見職として返り咲き、家茂の死後、ついに十五代将軍として徳川幕府を継ぐことになる。そして、歴代の将軍の中でも名君と呼ばれたその才能をついに発揮することなく、悲劇の将軍として、徳川幕府の最後の将軍となる。

ところで、裏鬼門に相当するこの薩摩藩こそが実はくせ者なのだ。薩摩藩の島津家の家紋は、大本では裏紋と称する㊉の紋に当たる。大本の裏紋の㊉の家紋を持つ島津家が実は裏の金神

（坤の金神）として主流となり倒幕に向かう。この薩摩藩が坤の金神であった証拠に、後の沖縄県となる琉球を領土として新たに手に入れるが、この沖縄が型を解く手がかりとなる。この島を手に入れた薩摩藩は、中国との交易により、多大な利益を上げる。この富が後の明治維新の資金となるのだが、琉球の人々には最大の負担を強いた。これを坤の金神の出現により、ミロク菩薩誕生の型としたらどうだろうか。太平洋戦争における本土決戦で唯一、戦火を受けた沖縄こそが、ミロク菩薩出現の型として、大災厄を受けた意味が解けてくるのである。

●坤の金神の型は西郷隆盛

そして、薩長連合の征討大総督参謀の西郷隆盛こそが実は坤の金神の型としか思えない。

西郷隆盛、幼名を小吉、薩摩藩小姓組、西郷吉兵衛の長男として生まれた。十八歳のとき、郡方書記役に任命され、その後藩主島津斉彬に見出され、安政元年（一九五四）、中小姓の身分で、江戸詰となり、ただちに庭方役を拝命した。

安政四年（一八五八）前後、外交問題をめぐって幕府支配者層の間に対立が生じ、将軍継嗣問題と絡んで表面化した。保守派は紀州藩徳川慶福を指示し、改革派として薩摩藩は一橋慶喜を擁立した。だが、井伊直弼の大老就任ともに改革派は破れ、「安政の大獄」が始まる。西郷は幕史の追及を逃れるように僧月照と供に帰藩したが、当時斉彬の死と共に倒幕派に傾いていた薩摩藩からも追及を受ける身となった西郷らは窮地に陥り、月照と共に鹿児島湾で入水自殺を謀るが、西郷のみが助かり、大島に流刑の身となった。

だが、西郷の不幸はこれだけではなかった。のちに召されて、藩士として返り咲くかのように見えたが、時の藩主島津久光の怒りに触れ、再び沖永良部島に配流の身となった。後に赦免となり、やっと帰藩したのである。

西郷の二度に亘る罪人というこの不幸な境遇こそが、地に落とされた坤の金神の姿なのだ。つまり、西郷が坤の金神とすると、実は王仁三郎の第一次・第二次弾圧で二回罪人となっている姿と、不気味なほどに重なり合う。

また、西郷の征韓論に反対しながら西郷を下野《げや》させ、最終的に西郷の征韓論を日韓併合という方針で実行しようとした伊藤博文は、この艮の金神の祟りにでもあったかのように、艮の一字のある韓国青年、安住根《あんじゅうこん》によって暗殺される。

後に、王仁三郎が九州に赴いた際、西郷の霊と語り合い、西郷と霊的な因縁を深く持っている意味が理解できる。まさにその意味では、西郷は坤の金神の型なのである。

ここまで共通すると、実は明治維新で神界の移写として、艮と坤の金神の復権運動をめぐっての雛形経綸としての芝居が展開しているとしか思えない。神界での出来事は、我々の世界が現世（写し世）とでも呼ぶかのように、写し出されているのである。

そして、大老井伊直弼の暗殺そのものが単に表の鬼門崩しとして艮の方角の水戸藩の浪士たちによって実演されただけではなく、実は経綸上の妨害を企てたことへの祟りだとしたらどうだろうか。

本来ならば、十四代将軍の地位に就任する可能性の高かった慶喜は、そのシナリオの崩壊により不遇な運命に翻弄されることになる。

井伊直弼の死により、艮の金神に当たる慶喜は隠居を解かれ、元の政治の舞台に返り咲くことになる。大老の死後、慶喜は十四代家茂の後見役となるが、事態は公武合体のときのように容易ではなかった。島津斉彬の死と共に、家督を継いだ異母の弟、久光は倒幕の方向に藩政を転じ、雄藩による幕政参与から一変する。公武合体という形での艮の金神と坤の金神の再会は、現実は相容れられなくなっていく。もし、斉彬が生きていたら現実には薩摩藩は雄藩の中で、確実に徳川政権を支える側として存在し、藩でも英主として名高い斉彬により、幕府の改革が進み、最終的な形では大政奉還という形をとって、幕府は消滅したとしても、天皇親政のもとにまた違った政府が存在していた可能性は高い。

だがときはすでに遅過ぎた。十四代家茂と公武合体との懐柔策をとるために、井伊直弼の死後幕府は、家茂と孝明天皇の妹、和宮との政略結婚という政策をとるが、これも逆に攘夷の志士たちの反発を買う。

和宮と家茂との政略結婚、これが実は経綸上、すべてのサイクルの狂いであったとしか思えない。慶喜が十四代将軍となっていたら、和宮との政略結婚も実はなかったであろう。この結婚は家茂の将軍としての地位、権威を強化するために実施されたものだが、逆に志士たちの反感を買うこととなった。本来、名君として周りから認められていた慶喜が将軍に就任したならば、果たして権威強化の必要での和宮との結婚があっただろうか。

このとき、十四代将軍慶喜の座が実現したならば、、世界の雛形としてこのとき、諸藩（国）が天皇中心として一つにまとまるという型が実演され、そしてミロクの世実現のときには世界の国境がなくなり、世界連邦という一つの型となったかも知れない将軍家は政治の中枢をになう形として残っていただろう。王仁三郎はミロク神政に関して次のように語っている。

「みろくの世になると天皇が次には総理大臣に生まれられる。また次には総理大臣が天皇に生まれて来て政治をするのであるから、天皇は総理大臣のことが判るし、また総理大臣は天皇のお気持ちが判るのでよい政治が出来るようになる」

まるでチベットのダライラマの輪廻転生の世界を思わせるような話である。今の日本のように、総理大臣の無能によって国政が危ぶまれるという心配もない。そんな理想政治がミロクの世であるという。その可能性があの明治維新誕生のとき、本来とられるべき政治形態であったのだろう。

●有栖川宮熾仁と王仁三郎

すべては十四代将軍に慶喜が選ばれなかったことから、まるで歯車が狂い出したように運命は変わっていく。和宮も元々は有栖川宮熾仁親王《ありすがわのみやたるひとしんのう》という婚約者があった。その結婚が家茂との政略結婚により、破談となる。

ところで、ここに一つの奇妙な説がある。有栖川宮熾仁親王のご落胤が、実は王仁三郎だと言われているのだ。単なる風説と一笑に付する人もあろう。この熾仁親王は才能豊かで、乗馬、陶芸、筆法と色々な分野で才能を発揮し、筆では熾仁流という筆法もあり、書家でもあった。晩年、王仁三郎が陶芸に傾斜するのも、この父の血が混入したことの影響ではなかろうか。

円山応挙と熾仁親王の血の混入により、王仁三郎は異常なほどまで、才能を開花させたとしか思えない。そして、書、絵、陶芸、歌と様々な分野で天才とも呼ぶべきほどの能力を発揮した。第二次弾圧で取り調べ官に王仁三郎は、「お前は一日二百も短冊に歌を書くというが、それはウソだろう」と言われ、「それなら書きましょうか」と言って、一時間に千枚以上書いたという。画家の円山家の血、そして才能豊かな有栖川宮家の血の混入により、王仁三郎は宿命的にこの世に生を受けた。

出生の際、母ヨネが親王から密かに賜ったものが、守り刀と白い倫子の小袖、そして熾仁親王の御名と印と花押のある短冊の三つの品であった。この守り刀は古い信者の家に秘蔵され、昭和五十一年に発見され、「毎日新聞」でも報道された。両刃の短刀で刃渡りは、十五・一センチ、そして目打ちの脇には直径一センチの十六花弁の菊の紋章が刻まれていた。

小袖は現在は消息は不明だが、短冊は王仁三郎の初孫出口和明氏が現在保管し、歌は「わが恋は深山の奥の草なれや茂さまされど知る人ぞなき」と書かれている。

歌のとおり、熾仁とヨネの恋は知られてはならなかった。懐妊の後、ヨネは慌てて故郷の穴太に戻り、祖母ウノと相談の末、養子をとり、七ヵ月の早産として王仁三郎を産み落とす。そして、男子なら殺されると言われ、その出生の秘密はかたくなに祖母と母の間によって隠された。

そして、王仁三郎が自分の出生の秘密を知るのは、高熊山での修行の直前、地元のヤクザたちとのケンカで半死の状態で家に寝込んでいたときに、ウノの口から「あんたには高貴な人の血が流れているのに、こんなことばかりしよって」と嘆かれ、初めて自分の血に有栖川宮熾仁の血が混じっていたことを知った。

初めて知る自分の出生に、王仁三郎の意識は果たして普通ではいられなかったろう。そして、それに追い打ちをかけるように高熊山での霊的体験、これらによって常人を逸した意識、能力をむりやりこじ開けられる。こうして、皇族の血を引き、そして超人としての大化物の誕生、これが神の経綸であった。

男子なら殺されるとは何を意味していたのか。熾仁親王とヨネが出会った頃、親王は孝明天皇崩御の後、薩摩藩は孝明天皇の皇子、睦仁親王《むつひとしんのう》を、長州藩は熾仁親王を次の天皇に擁立するべく争い、結果的に熾仁擁立派は破れ、睦仁親王が明治天皇として即位した直後、熾仁親王は蟄居させられる。しかし、依然として明治天皇に不測の事態が起こったならば、皇位継承権では第一位の有栖川宮家熾仁親王が最も有力であった。

そんな時期に、熾仁親王の男子誕生は、為政者には危惧の存在としてしか映らなかったろう。それ故、熾仁親王の御子の誕生は秘されなければならなかった。王仁三郎の中に皇族の血が流れているのを妻のスミが初めて知るのは、大正六年のことで、その噂を聞き、わさわざ母ヨネのもとを訪ね、噂の真相を問うと、ヨネは覚悟を決めたように、証拠の例の小袖を見せようとした。その瞬間、スミの脳裡は真っ白になり、家を飛び出し、気が付くと綾部と逆方向の京都二条駅に降りていたという。

当時の大本教団内では、「艮の金神」と反対制に当たる皇室の血を婿と迎え、直日という皇族の血を産み落とすこと自体大きなショックであった。その血を受け入れられない大本教団内ではこの王仁三郎のご落胤説を否定している。

しかし、王仁三郎がまるで有栖川宮熾仁親王の落とし種であるのを証明するかのできごとが起こる。かつて熾仁親王に可愛がられ明治天皇の皇后美子《はるこ》の姪にあたる鶴殿親子《つるどのちかこ》が、その噂を聞きその真偽を尋ねるべく、大本を訪ねる。そして、王仁三郎の姿を見るなり、熾仁親王と瓜二つであると感激し、入信する。こうして、王仁三郎は皇族にも深い影響を持つようになった。昭和天皇が後の皇后となる良子《ながこ》と婚約する際、色盲の疑いがあると、結婚に対して宮中が二つに割れた。そのとき、最も結婚に反対したのは、山県有朋であった。そのとき、鶴殿親子が心配し色盲の件を王仁三郎に相談する。王仁三郎がそれを否定したことが宮中に伝えられ、婚儀となったという。それほど、宮中への王仁三郎の影響は強かった。

そして鶴殿親子は、ヨネと会うたびに在りし日の熾仁親王の思い出話を語り合った。有栖川宮の血に対する王仁三郎の執着は強く、熾仁親王と深い関係にあった名古屋で芸妓をしていた家口たまとの間に娘をもうけさせる。その娘孫、栄二をわざわざ孫の直日の婿に迎えるほどこだわり続ける。

ではなぜ、神の仕組み上、王仁三郎は有栖川宮熾仁親王の子として生まれるべき位置づけになっていたのだろうか。このことが、実は経綸をひもとく手がかりとなる。

もし、和宮と有栖川宮熾仁親王との結婚が成った場合、孝明天皇の妹をめとった熾仁親王は、次期皇位継承権の距離に一層近づいたにも等しかった。孝明天皇の第二子睦仁《むつひと》親王は病弱で精神的にも弱く、女官と十六歳過ぎてもママゴト遊びをするような皇子であり、禁門の変の際、大砲の音と女官たちの悲鳴に気絶してしまうような性格だったという。

孝明天皇亡き後、実際皇位継承権について薩摩と長州の争いになる。長州は熾仁親王を押したが、薩摩の睦仁親王を擁した方に破れ、睦仁親王が即位して後の明治天皇となり、幼少であることを理由に薩長連合の意のままに操られていた。今だからこそ、天皇は長子が相続すると定められているが、実はこの制度は明治時代に長子相続にでもこだわるかのように、明治天皇自ら制定された皇室範典により決められたもので、江戸時代までは長子相続にこだわる必要はなかった。

ここで才能に恵まれた熾仁親王が天皇に即位したならば、歴史は果たしてどうなったろう。熾仁親王と和宮の間に生まれるべき子が、実は王仁三郎だったのではないだろうか。父以上に優秀な血として皇子の誕生、これがもう一つのシナリオであったとしか思えない。

歴史の歯車が狂い破談となった二人の結婚は、今度はあくまでも熾仁親王の血の結実となって執拗に現れていく。皇位継承問題で破れた熾仁親王は謹慎の身となり、当時勤王志士たちの出入りしていた料理屋に足繁く通う。彼にしてみれば、恋に破れた以上、幕府は憎しみの対象でしかない。

その中で、叔父の料理屋に手伝いに来ていたヨネは熾仁親王と出会い、深い恋に陥る。その結果生まれたのが王仁三郎ならば、歴史は皮肉な形で次の血を誕生させていく。

公武合体が成立し、孝明天皇から熾仁親王への天皇の御位の譲歩が実現したならば、理想的な天皇親政としてどれだけ歴史の歯車は変わっていただろうか。

だが、熾仁親王は明晰聡明、薩摩の担ぐべき御輿《みこし》としては自分たちの思惑どおり動かぬだろう。そのため選ばれたまだ成人していない明治天皇こそが、薩長の仕組んだシナリオであった。成人に達していないならば、政治的口出しをさせることなく、彼らの思いどおりに政策を進められる。そのためにはあくまでも孝明天皇は、厄介な存在でしかない。薩長にしては思いどおりにいかぬコマでしかなかった。頑なに公武合体の姿勢を崩さない孝明天皇が生きている間は、慶喜の立場も安泰だった。慶応三年（一八六七）、天然痘を患い一時重体になった孝明天皇は、ようやく回復のきざしを見せた直後に、容態が悪化し崩御となった。一説には薩摩による毒殺という説があるが、ともあれ、ここに公武合体の夢は消え、薩長による倒幕が展開し、慶喜は窮地に追い込まれる。

そして、鳥羽伏見の戦いでの幕府軍と薩長連合との戦いに敗北、徳川幕府の崩壊は決定的となる。そして、十四代将軍家茂の死で、十五代将軍となった慶喜は大政奉還を果たしたにもかかわらず、薩長の攻撃の矛先はそのまま幕府に向けられた。進軍を続ける倒幕軍の征討大総督参謀の西郷隆盛こそが「坤の金神」として、皮肉な形で「艮の金神」と再会を果たす。それが、西郷と慶喜の代理の勝海舟と会見する形で、江戸城の無血開城を実現させた。

この会見で夫婦の再会を果たす型を演じながらも、艮の金神の型である慶喜は僅かの供を従え、水戸に落ち延びて、不遇の時代を過ごす。落ちぶれた神、まさに悪神と落としめられ、祟り神とされた艮の金神の姿ではないか。

また、慶喜の母登美宮吉子《とみのみやよしこ》の生家も有栖川宮家であり、王仁三郎が有栖川宮家のご落胤のように、神劇の役者にはかくも共通する。

●籠《この》神社の因縁

そして、最初にナオたちが神島開きをした男島・女島を海の奥宮として祭っている籠《この》神社の社家、海部氏も江戸時代に有栖川六世織仁親王のご息女長性院が輿入れしている。そして、この長性院が実は慶喜の母の妹でもある。有栖川宮家のみならず慶喜とも深い関わりを持つ籠《この》神社にも大本の影が色濃くつきまとう。

故先代宮司海部《あまべ》穀定《よしさだ》氏が学生時代、大本第二次弾圧直後のある日、京都の古本屋を回るのを日課としていた。ところが、いつもは入るはずのない古道具屋に吸い込まれるように足が向く。そして、店の中で何気なく品物を眺めていると、店の奥から主人と青年の問答が耳に入った。「これは前日大本弾圧の際、金竜海の大八洲島《おおやしま》神社に祭られていた大本の大事なご神体である。これを私は弾圧の際、秘かに持ち出し家に隠しているが、もし自分も捕まり、この鏡が見つけられたらと思うと、夜も心配で寝られない。どうかこういう物を大事にしてくれるような人に預けてほしい」

青年は主人にこう頼み込んでいた。だが、不敬罪で弾圧された大本に、へたに関わると自分の身も危ない。「そんな物騒な物を」、と当然店の主人は断る。「頼む」という客との問答の中、穀定氏は客の前に立ち、「私が預かります」と答えたという。

すると、若者は喜んで肝心の物を渡すとうれしそうに穀定氏の手を握り、「これで私も安心します」とその場を立ち去った。穀定氏はその品を密かに保管し、現在に至ったという。

さて、このご神体というのは王仁三郎が自ら精根を込めて作った鉄製のご神鏡である。直径約九センチ、表には十六花弁の天皇家の紋章、菊の御紋が刻まれ、裏面には「世乃中乃事有《よのなかのことあ》る時ぞ知られける　神乃《の》まもりの　おろかならぬわ」と歌が彫られていた。

菊の紋章を彫るだけでも、不敬罪の時代、このご神鏡はからくも一人の信者によって持ち出され、事なきを得た。まさに「神乃まもりのおろかならぬわ」のとおりであった。

そして、この鏡が籠神社に隠されるに至った因縁はまだある。このご神体の祭られた金竜海の大八洲神社の島々こそが、男島・女島を模していた。籠神社の海の奥宮がこの男島・女島であり、まさに、この鏡は籠神社に祭られるべく、それまで大本の金竜海の大八州神社に祭られ守られていたとしか思えない。偶然はまだこれだけではない。この島こそ竜宮の乙姫の伝承と深く関わる竜宮伝説の島でもある。伝承は、籠神社の近くの宇良神社に伝わっており、子供たちのおとぎ話で出てくる「浦島太郎」の物語とは一見違うものである。

雄略天皇二十二年秋七月、丹後国与謝郡筒井川庄に住む容姿端麗な水江浦の嶋子は、ひとり舟に乗り海上に浮かんで釣りをしていたが、一匹の魚も釣れず、三日目に諦めて竿を上げようとしたところ、一匹の五色の大亀を釣り上げる。嶋子は船中に上げ眺めているうちにやがて居眠りをしてしまい、目を覚ますと亀は、大変美しい乙女の姿となっていた。その女の誘いで、常世の国へ行くことになった。（中略）乙女《おとひめ》は神女といい、二人はそこで楽しい日々を暮らすのであったが、嶋子が望郷の念があることを知り、神女は自分の分御霊《わけみたま》の入った玉櫛笥（玉手箱）を与えて再開を期するならば玉櫛笥の蓋を開くなと告げ、嶋子を故郷に帰した。時に、淳和天皇天長二年（八二五）であり、三百年以上の歳月が流れていた。嶋子は、神女を思うこと十日余り、ついに約束を忘れ、その蓋を開き白髪の翁と化し、命を終えた。

この話を聞いた淳和天皇は、この地に浦島太郎を祭神とする宮殿を建てた。それが現在の宇良神社の由来である。考えると、ナオがこの島から竜宮の乙姫を出すご用をしているのも、この島をめぐりすべて密接に重なり合う。

そして、王仁三郎の密命により大本第二次弾圧後裏神業に没当する辻天水は、三雲竜三青年とこの籠神社に参拝し、その後、膨大な神示『竜宮神示』を降ろす。これほど霊的な意味でも、籠神社とは大本と関わっている。

本当の元伊勢であるその証拠として籠神社は、先代穀定氏の代に自らの神社のご神体である辺津鏡《へつ》と息津鏡《おきつ》とそして海部氏系図を公開して、世間を驚かせた。二つの鏡は前漢・後漢時代の鏡であり、海部氏系図は国宝となり、その系図が天皇家より古いものと学界でも評価された。八十一代穀定氏の公開は、八十一の数字が九×九＝八十一であり、九分九厘の仕組みの幕開けであり、真の神の出現を意味していた。

●真《まこと》の神

籠神社が元伊勢となると、この神社の祭神が彦火明命《ひこほあかりのみこと》であることが経綸を解く鍵となろう。籠神社の祭神が呼称を変えて、後に伊勢の外宮の祭神として祭られる豊受大神《とようけのおおかみ》こそが、実は籠神社では彦火明命なのである。そして、外宮の神職を勤めるのが渡会《わたらい》家、そして別名では出口家ともいう。出口といえば、大本も出口家である。ナオは元々は桐村家の人間だが、後に出口家に養女として入って出口姓を継いでいる。

この外宮の祭神について、王仁三郎は実は霊的には国常立命であると述べている。そして、『神の国』の中の「伊都能売」の論文の中で面白い図を載せている。

豊受大神
- 豊＝国常立命＝天神の祖
- 受＝天照大神＝地神の祖

これではまるで、天神と地神が逆になってしまう。これに関して、籠神社にある『籠大明神縁起秘伝』では、「籠大明神（彦火明尊）は十代崇神天皇時代に、天照大神が遷座し、それ以後豊受大神宮と呼ばれるようになるが、豊とはつまり国常立尊であり、受とはつまり天照大神である。そして二十一代雄略天皇の時代に現在の外宮として祭られるが、内宮は天照大神で地神の第一の神で、外宮は国常立尊で、天神の第一の神」と説明する。

この記述から見ても、王仁三郎は籠神社の秘伝をまるで知っていたとしか思えないふしがある。実際、外宮の格式が実は高いことを物語るように、天皇の勅使はまず最初に外宮に参拝する。そして祭礼も外宮が最初に執り行われるという。となれば、外宮の祭神が天神の第一の神とする理由が分かる。鎌倉時代に外宮の神官渡会氏が著した『神道五部書』により渡会神道が提唱される。その教義によると、内宮が日の神であるならば、外宮の神は月に相当すると説き、そして日と月により初めて一つであるとの二宮一光説を唱えた。そして、外宮の祭神は豊受大神となっているが、実は天之御中主、国常立尊でもあると発表した。天照大神に食事を供する御饌津神《みけつかみ》から最高神へと捉えていた。これも籠神社から伊勢に外宮として遷座した際、籠神社の神職が共に移住した際に社伝とされていたものを、渡会神道として発表したからであろう。そして、渡会氏の内宮の祭神よりも自らの神を引き上げようとする強気な姿勢に対して、内宮側は、外宮が内宮の天照皇太大神の祭神名同様に、外宮の豊受皇大神の祭神名を豊受皇太神と「太」の字に改名したことに対する抗議のみであった。

これはその当時の人たちにはその事実が認識されており、常識となっていたからだろう。常識とは文字に記されるようなものではなく、時代が下がり江戸時代には、ついに渡会神道も時の学者から外宮の祭神の格を上げるためだったと一変した評価となるが、鎌倉時代当時はまだ外宮はすなわち国常立尊というのが一般の認識だったのだろう。

だが、面白いのは彦火明命の他に籠神社に別に祭られている神の中に、彦火火出見命があり、一説には彦火明命の別名でもあるという。すると、ナオが籠もった弥仙山の神社の祭神も彦火火出見命であり、弥仙山籠もりの後のお筆先でもこのご用を「彦火火出見命さまも、えらいおん喜びでありだぞよ」とあり、その証明が王仁三郎の『道の栞』の中に次のようにある。

「一、暗き世をてらして、日の出の光を現し給ふは、日の出の神なり、日の出の神は男の身魂によりて、弥仙の御山に現れ給ひ…（中略）」

つまり、この籠神社の彦火明命は、彦火火出見命であり、大本で説く「日の出の神」ということになる。日の出の神の出現こそが、大本で説くミロクの世の到来を意味する。籠神社の九分九厘の仕組みとは、日の出の神の出現の予告ともなる。

国常立尊が日の出の神ともなる。王仁三郎は日の出の神として直日の婿を日出麿に改名させたが、その日出麿を「あれは日の出やない。夕陽や」と漏らしたのを某先生は、関係者から聞いたことがあるという。

実際、王仁三郎は入蒙のとき、戦死と称して密偵となっていた清吉を探すが、もはや張作霖の軍に殺されているのを確認し、死んだ清吉の代役として日出麿を日の出の神とせざるを得なかったのが実情であろう。お筆先に「宵《よい》の明星が東へまわりなされたら変ごとがあるぞよ」とあるが、この宵の明星について王仁三郎は面白いことを語る。

大本幹部の桜井八洲雄が王仁三郎に次のように尋ねた。

「宵の明星を見ているんですが、なかなか東へ廻らんようですが、いつごろ廻りますか」

「アホー、なに言っているんじゃ」

王仁三郎は、怪訝そうに桜井を見る。

「それでも筆先にちゃんと書いてありますが」

桜井はそれでも反論する。

「それは救世主のことだ」

王仁三郎のこの回答が日の出の神の意味を知る手掛かりとなる。

王仁三郎は宵の明星とは、用意の明星であると言っているが、暮れの日の出とはまだ用意の段階となる。実際、日出麿についてこんな話があった。日出麿を担いで北海道で別派を作る動きが第二次弾圧前にあったという。その話を聞いた王仁三郎は「日出麿ごときに神の経綸が分かるか」と激怒したという。事前に発覚したため、この計画は失敗したが、この話からしても日出麿は日の出の神という先走りの前段階でしかないということになる。

いま、日の出の神が出現の型を籠神社で示したとしたら、本当の明けの明星としての日の出の神の出現はこれからということなのか。とすると、当時の大本には、それだけの人材がいなかったことになる。

●一等星

王仁三郎は西郷隆盛を星にたとえて次のように言っている。

「西郷隆盛は、星でいうと第一等星である。だが、残念ながら今の世の中には西郷のような人物は一人もいない」と。

清貧に甘んじ、多くの人々を感服させるだけの無私の人柄、これが西南の役であれだけの不満士族を集め、反乱の首謀者として担がれるだけの人望を持つ西郷でもあった。

西南戦争の後、かつて長屋住まいで愛犬を連れて歩くその姿が江戸の市民には、なつかしい印象として残り、飾らないそのままの姿が銅像として上野に建てられたのも、江戸の市民に愛された結果である。西南戦争で逆賊とされた西郷が、死後にも慕われ愛され続けられた。それというのもその飾らない人柄故であった。人を感服させるだけの高潔な人柄、これが西郷が一等星であるとの答えでもある。

坤の金神の役を型としてになった西郷隆盛は、征韓論の問題から、時の陸軍大臣の職のまま郷里の鹿児島に帰省する。しかし、この征韓論のためにまるで西郷隆盛が主戦論派と見なされているが、実際は逆なのである。

当時鎖国のようにして門戸を閉ざしていた朝鮮の開国をめぐって、開国のためには戦争を辞さずという主戦論派の意見の中、西郷だけが自分が特使として朝鮮に行き、朝鮮側を説得してみせる、そのためには自分の命はどうなっても構わないと嘆願したが、受け容れられず、ついに郷里に帰るのである。

下野した西郷は地元鹿児島で私学校を開設、子弟を育成し、鹿児島には明治政府の行政に従わぬ士族が集まり、独立国の様相となった。ついに明治政府の開明的諸政策や士族解体政策に反対し、明治十年（一九七七）二月、私学校の生徒に擁された形で、熊本鎮台を襲撃した。

明治政府は徴兵令により軍隊を動員して鎮圧にあたる。いわゆる西南戦争の始まりである。八ヵ月に及ぶ死闘の末、九月二十四日西郷をはじめとする西郷軍の指導者は、戦死、もしくは自刃により、この戦争は幕を閉じた。西郷《さいごう》の名前のとおり最後《さいご》の士族の反乱は、ピタリと幕を閉じるのである。

実は、この内乱こそ、艮の金神と坤の金神の復権運動が失敗したことによる他の神たちのクーデターの型の現象でもあった。

一度、艮の金神がこの世に出ようとして、幕末に宗教史上、金光教、黒住教、天理教の諸宗教が現れたのも復権運動の先走りとしての型と、ナオのお筆先にある。

だが、明治政府そのものの宗教政策は、これらの宗教を教派神道十三派として国家の管理下に置くことにより、この艮の金神の出現そのものを監視しようとはかる。これは明らかに艮の金神の出現を阻止しようとする動きでもあった。

そして、神道を宗教ではなく道徳という位置に置き、国家で守護する形で国家神道とし、従来の神道とは大きく逸脱する結果となった。艮の金神の出現に怯えるように、国家は宗教を統制下に置き、そして認可のない宗教はことごとく弾圧し続けた。

そのため、王仁三郎は雛形という仕組みを逆手に使い、自らの教団を弾圧させることにより、艮・坤の金神は自分たちを封印した神々を潰す手段に出たのである。

かつて、山口県で地震の津波の被害が起こった際、王仁三郎はあの地震は山口県（長州藩）を含む「薩長」が国をめちゃくちゃにした業だと語っているが、その真意はこの「薩長」による国体変革こそが、真の艮の金神の復権ではなかったことを意味していたのではないか。明治維新で成立した明治政府こそが、実は逆に艮の金神の復権に封印をかけたというのが神界での真相であろう。これが艮・坤の金神の幕末から明治にかけての隠遁劇である。

さて裏鬼門から薩摩藩が倒幕として出現、即ちこれが坤の金神の出現の走りである。江戸幕府はこの裏金神の出現によってあっけなく崩壊した。坤の金神の出現こそ、実はミロク菩薩が出現して、その時代の支配体制を転覆させる働きでもあった。大本での雛形経綸としての神島開きを九分九厘に相当する旧九月九日に実演したのも、実は徳川幕府崩壊の型をそのまま再現

艮の金神（表の金神）	坤の金神（裏の金神）
水戸藩（艮の金神） 桜田門外の変（艮の金神の鬼門崩し） 将軍・徳川慶喜の誕生 ↓ 艮の方（水戸藩に隠居）	薩摩藩・大本の裏門⊕の家紋を持つ（坤の金神） 薩長連合による倒幕（坤の金神の裏鬼門崩し） 征討大総督西郷隆盛の誕生 ↓ 坤の方（鹿児島に下野）

江戸城無血開城の会見
（艮と坤の金神再会の型）
↓
ミロク菩薩出現
↓
関東大震災（大災厄）
↓
翌日、九州で王仁三郎、ミロク神像と対面

しているに過ぎなかった。

ここで縦と緯の仕組みとは、実は表鬼門と裏鬼門を開くことが、経綸上重要な意味を持っている理由が判明する。なぜ、王仁三郎が九州で関東大震災のとき、例のミロク神像との対面をしなければならなかったのか、この謎も容易に解け出す。まず、関東大震災はあのとき九州から見ると、東北の表鬼門に当たる。

王仁三郎はヨハネとキリストの関係について、ヨハネがキリストに対して、聖書では「われは汝の靴の紐をほどくに値《あたい》しないものだ」という場面を、わざわざ『霊界物語』の一巻で、その立場をヨハネとキリストの立場を逆にして、キリストはヨハネの靴の紐をほどくに値しないものだと記した謎が解けてくる。

ヨハネは開祖ナオの型であり、キリストは王仁三郎だとしよう。これによって西郷が一等星という謎も解けてくる。

ナオと王仁三郎は全く対照的な性格だった。まず、ナオは少女時代、福知山藩で孝行娘として表彰されるほどの勤勉で真面目で控え目な女性だった。結婚後も酒飲みの夫を抱え、そして自分が働いて生計を支えるという苦労もなめた。そんな母親を持つ娘、スミにはナオは感銘を与えるには充分な存在であった。初孫の直日も父、王仁三郎よりも祖母のナオには、深い影響を少女時代から受けるほど、祖母は模範であり、鏡であった。

ところが一方の王仁三郎は、性格的には楽天的で、豪快で、節度もなく、宗教者と呼ぶには困った一面が多過ぎた。幹部が、教主らしい態度をとるようにと頼んでも、そのときはハイハイと頷くが、すぐ約束は破る。

そして、冗談話ばかりして、真面目なのか不真面目なのか周囲が理解できないほどの行動、言動ばかりをとる。そんな意味ではナオに心服する信者が多くて当然であった。周囲の目は王仁三郎よりも自然にナオの方に向けられる。

ナオほどの人柄故に人から尊敬され、人の模範として理解しやすいからである。だからこそナオは衆人を感服させ、従わせるだけの魅力を持っていた。事実、王仁三郎の著作を読んで感銘を受け、最初に弟子になった梅田仁斎ですらも、ナオの方に傾斜する度合いが強かった。それほどまでに、ナオの行動、仕草、立ち振る舞いは周囲の人を魅惑したのである。

「変性男子は筆先で世界にあることを知らす御役也《おやくなり》。女子の身魂は『世界が斯《か》ういふことになりて居る』といふことを、実地に見せて罪を贖《と》りて、人民を救済《たす》ける御役であるから、人民の眼からは、悪魔《あく》に見えることもあるぞよ。善に見えることもあるぞよ」

変性男子としてのナオと変性女子の王仁三郎の役は、宿命的な違いがあった。雛形経綸を実地で現し、それを現界に反映させていくことは、原爆の誕生、日本への投下というのをみても、「悪魔に見えることもあるぞよ」だが、この原爆の投下によって皮肉なことに本土決戦は回避され、結果的には「善に見えることもあるぞよ」そのものである。

贖い主としてのキリストの御役が、「実地に見せて罪を贖《と》りて、人民を救済《たす》ける御役」として第一次、第二次弾圧によって逆賊としての罪を一身に背負い、日本のアメリカとの開戦を早め、終戦を早めるために仕組んだ経綸であった。

いかに経綸上とはいえ、現実に原爆投下により犠牲になった人々のことを考えれば、ナオは経綸のシナリオをお筆先により示すだけの役、王仁三郎はそのシナリオに従って経綸を実演していく役柄となると根本的に違いは明らかである。

これが『霊界物語』でいう、キリストはヨハネに劣るということの答えであるのだ。

さてナオは日清戦争が勃発する前、神から「唐《から》に行って下されよ」との命令に、真面目に出発しようとしたが、途中で「ナオよ、もうよい」との神からの言葉で中国行きが中止となったことがあった。

このことは本来、実地としての経綸が中国にもあったことが分かる。だが、中止となったことは、その実地の経綸を王仁三郎が入蒙という形で、実演することになるのをみても、坤の金神の役が実地の経綸をすることにあるというのが分かる。

すると、王仁三郎の入蒙そのものが実は、唐に行けと命じられたナオの型を代わりに実演していることになる。とすれば、入蒙そのものは実はナオの型ということになる。

●阪神大震災と台湾大地震

さて、西郷隆盛が坤の金神の役であり、徳川慶喜が艮の金神の役で、江戸で再会を果たす。上島開きの後、王仁三郎が坤の金神としてナオの艮の金神との再会の経綸を行い、ミロク菩薩が出現した型が現象として現れたのが、大正十三年に発生した関東大震災なのである。

関東大震災の翌日、王仁三郎は九州の山鹿村の信徒の家で、例のミロク神像と対面する。このとき、神像が揺れたり、胸に月の形が浮び上った不思議な現象こそ、ミロク菩薩の出現の型ではなかっただろうか。前日、王仁三郎は『霊界物語』の大地震の項を他の人間に読ませて自分はさっさと休んでしまったというが、その事実こそが関東大震災を最初から知っていたことになる。

そして、その翌日ミロク神像と対面することは、関東大震災の後、裏鬼門と表鬼門の結びにより誕生したミロク菩薩との対面という意味になるのである。

こういう大災害では実は理解できない現象が起こっている。私の知人があの阪神大震災のとき、たまたま神戸付近で車を走らせていた。そのとき、一帯の地面から青白い光がまるで蛍光灯のように発したかと思うと、次はあの地震であったという。あの青白い光は何か理解できないと知人は語る。

あの阪神大震災で、理解できない光が地面から発したとすると、おそらくあの関東大震災でも、何かしらの理解できない現象が現れているはずだろう。この光こそ、闇からの復活を告げる金神のサインと思えないだろうか。そう捉えると、あの阪神大震災でもう一つの異変が大本で起こった。亀岡の大本教団に展示されていた、王仁三郎が造った『伊都能売観音像《いづのめかんのんぞう》』が倒壊し、破壊されたのである。これは何を意味するのか、それは「観音像」を王仁三郎とするならば、あの地震により別の形で復活を遂げたことを意味するのではないか。

昭和三年八月二十六日、北海道で五十七歳の誕生日を迎えた王仁三郎は、芦別山に隠遁した国常立大神の神霊を四王山（四尾山）に奉迎する。つまり、艮の金神を日本という型の中で、世に出したのである。

そして、昭和九年に室戸台風のときにわざわざ王仁三郎が九州別院から代理の人間を派遣し、暴風雨の最中、なぜこのミロク神像に参拝させたのか、この台風こそ西南から東北に突き抜け、戦前史上最大の台風と呼ばれ、甚大な被害をもたらした。実はこの現象こそ表鬼門と裏鬼門の結びであり、それによって湯川秀樹の核理論をこの日に生み出させたのであった。

縦と緯の結びが、裏の金神の出現と共に破壊主に相当するミロク菩薩の出現と必然的に重なり合う理由が判然とする。この基本的なパターンを理解すると、大地震の発生の意味も分かってくる。

それは、近年淡路島を震源地として多大な被害をもたらした阪神大震災と、一九九九年の九月に起こった台湾の大地震の謎も氷解する。

まず、太平洋戦争の最中、王仁三郎は元幹

阪神大震災　めくれあがるように横倒しになった阪神高速道路の高架

（写真提供；毎日新聞社）

台湾大地震　日本人不明者２人に、死者は2,100人を超す惨事となった（写真提供：毎日新聞社）

部である辻天水に、淡路島の神代村での神業を命じている。その神業とは、幅約三メートルの井戸を百メートル以上の深さまで掘るというものであり、神業仲間と共に目的の地点まで掘り続けたという。てっきり神業仲間は石油か何か出ると思っていたらしい。しかし、いざ言われた地点まで掘り進んだところで、何も出なかったという。天水はいぶかしげに思いながらも、約束の地点まで掘ったことを王仁三郎に報告すると、返事は「もうほっとけ」という答えであった。

さすがの天水もその神業の意味がどこにあったか理解できず、その意味を問うと、ただ単に「国常立命のお出現になる穴や」と答えたという。しかし、神業仲間はその答えに納得ができず、天水から資金をもらい、掘り続けたが、結局何も出ないまま、その地で祈祷師のようなことをやり、跡を継いだ人間は家から出た失火がもとで焼死している。これも神業仲間が王仁三郎の命令に従わなかったための、艮の金神の祟りにでもあったのだろうか。

国常立大神の出現の神代村の穴、これこそかつて艮の金神が隠遁した島であるとしてナオ一行によって島開きした冠島、沓島で実演した神業と似た意味を帯びる。艮の金神の出現、その仕組みの日本に現れた現象こそがそのまま阪神大震災だとしたら、次の神業の展開は当然、坤の金神の出現というプロセスで型は移行する。

坤の金神神業は、大正五年九月八日に実演された神島開きである。この神業のヒントは、王仁三郎の子供たちが無言のまま王仁三郎が投げた二本の松の枝を持ち、「高砂や…」の歌でおなじみの慰《じょう》と姥《ばあ》のとおり、熊手で掻く役と竹箒で掃く役をそれぞれ実演したことを思い出して欲しい。この神業に相当するのが、昭和五年正月に王仁三郎とスミが台湾に渡ったのもある意味では、型として慰と姥の役になる。高砂というと高砂族でお馴染みの台湾が、実は高砂島と呼ばれているのだ。とすると、台湾が坤の金神の型と考えると見事に日本の地場の中での仕組みが分かり始める。

実際、地図上で確認すると淡路島と台湾の位置は、丁度表鬼門と裏鬼門の方角に当たる。艮の金神の出現により、現象として阪神大震災が起こり、それに呼応するように裏鬼門の方角の坤の金神が出現した。

こう考えた方が、まさに二つの大地震の発生した謎が氷解する。だが、まだ謎であるのはこの陰と陽の結びとしての火と水の結びが、何をこの世で現象的に発生させるのかという点である。艮と坤の金神の結びによって、ミロク菩薩が出現したとしたならば、何かがこの世に生まれ発生するのだが、それが何かはまだ予想できない。

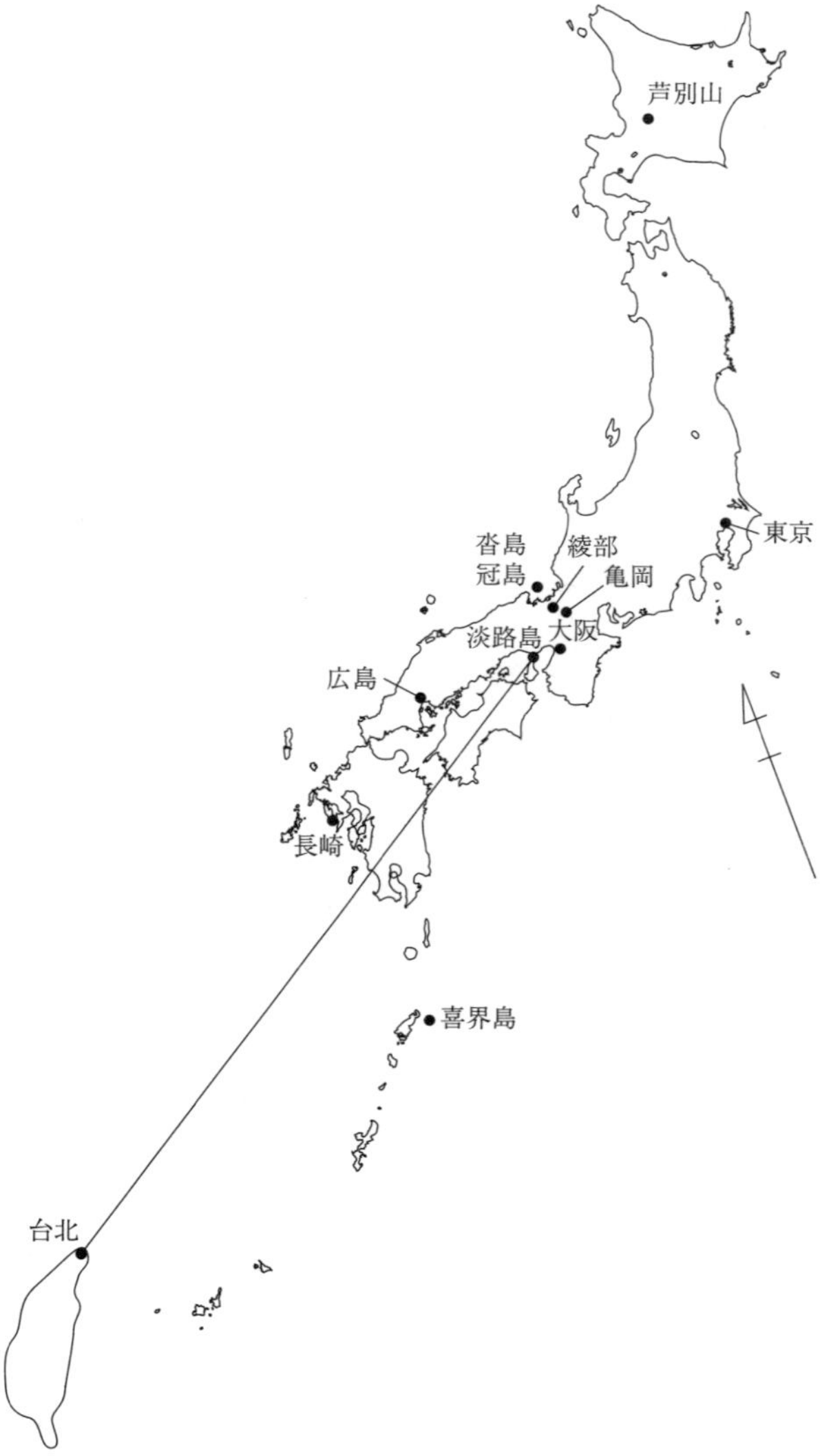
芦別山
東京
沓島
冠島
綾部
亀岡
淡路島
大阪
広島
長崎
喜界島
台北

ミロク菩薩誕生のプロセス

世界の型	日本の型	大本の型	明治維新の型	
・淡路島神代村の井戸掘りの神業（艮の金神出現の型）	・芦別山開き	・冠島・沓島開き（ナオ・艮金神役）	水戸藩（艮の方角） ・徳川慶喜十五代将軍誕生	①艮金神復権運動のプロセス
・台湾に渡る王仁三郎夫妻（上島開きの型）	・喜界島開き	・上島開き（王仁三郎坤金神役） ※無言の行（一厘は秘密）大本の型 ・上島での宝珠の発見（王仁三郎・七五日間の床しばり）	薩摩藩（坤の方角） ・西郷隆盛征討大総督参謀就任	②坤金神復権運動のプロセス
・阪神大震災と台湾大地震	・室戸台風発生（九州から東北をぬける）	・夫婦再会の型	・大政奉還 江戸城無血開城	③艮坤金神再会のプロセス（結びのプロセス）
・一九九九年のグランドクロス ・ミロク菩薩下生（？）	・ミロク神像に代理を立てて参拝 ・湯川秀樹の中間子論発表→原爆	・神格移行ミロク誕生 ・関東大震災（大災厄発生） ・王仁三郎、ミロク神像と対面	・水戸藩へ隠退（慶喜） ・薩摩へ下野（隆盛） ・復権運動失敗 ・西南戦争（失敗）（坤の金神のクーデターは失敗に終わる）	④ミロク菩薩下生のプロセス

お筆先に「変性男子の身魂と変性女子の身魂とが、天晴《あっぱ》れ世界へ現はれたら、世界中の人民が一度に改心致すぞよ」とあるように、大地震での艮と坤の金神の出現は、次なる大災厄を起こすことだけは確かである。ミロク菩薩の誕生は、そのまま過去、徳川幕府を転覆させ、大日本帝国も崩壊させた。一つの体制の崩壊を予期させるが、現実にどのような形で現れるのか、型の走りとするならば地球規模なのか、それとも世界規模なのか、日本というなかで現れていくのか、見当はつかない。

大災厄の神としてのミロク菩薩の出現、これがこの神の正体である。

●ミロク菩薩の正体

この五六七の数字に九分九厘の仕組みの数字九九を足すと、六六六の数字が浮び上がるという点に注目し、独自にこのミロク菩薩の正体を割り出したのが某先生である。また、三十六までの数字を一から順番に足して換算していくと六六六の数字になることをも指摘した。

この六六六の数字とは、キリスト教でいう獣の数字になる。「オーメン」の映画でもこの六六六の数字をもった悪魔が、最後は神と闘う内容となっている。実はこのミロク菩薩の正体が六六六の数字を持つものだとしたら、どう捉えなければならないのだろうか。

無論、『伊都能売神諭』でも六六六の数字をミロクと読ませているのをみても、ミロクと六六六の数字は深い関わりがあるのが分かる。事実、王仁三郎は昭和十年三月二十日、台湾で次のような言葉を述べている。

「自分は五十六年七ヵ月よりこの大神業（ミロク大祭）の準備をはじめ昭青坤生会を組織し、昨年初めて神聖会組織まで進んだのだ。しかして自分の六十六年六ヵ月にはできあがるつもりである」

この六十六歳に当たる年が、昭和十三年であり日中戦争という泥沼に引きずり込まれた翌年に当たるが、王仁三郎の言うこの六六六という数字は何を意味しているのだろうか。そして、第二次弾圧で保釈になった際、王仁三郎は「大本のご用は済んだ」とも述べている。

また、大正六年六月六日の六の数字が重なる日に王仁三郎自らが、次の神諭を降ろす。

「神諭　大正六年六月六日（瑞の御魂）

七月十二日は○○の生まれた結構な日柄であるぞよ。斯の日柄に始めたことは、何事でも善きこととなれば、一つの滞り無く成就いたすぞよ。明治四年七月十二日に、貧しき家に産声を上げたものは○○であるぞよ。外に沢山《たつぴつ》に斯の日に生まれた身魂はあれども、今度の世の立直しに成る身魂は、世界に一人より無いぞよ。色々と艱難《かんなん》苦労を致さしたのも、神の経綸であるぞよ。二十八歳の二月の九日から、神界の御用に使うたぞよ。」

この「明治四年七月十二日に、貧しき家に産声を上げたものは○○であるぞよ」とは、この日を誕生日として生まれたのは王仁三郎に外ならない。そして、それを補足するように「二十八歳の二月の九日から、神界の御用に使うたぞよ」とは、この日に高熊山の修行に入った王仁三郎に外ならない。○○の伏せ字は王仁に外ならないことは自明だが、それにわざわざ六六六と続く日に神諭として明示させているのは暗示的である。

そして、入蒙のときを述懐して次のようにも述べている。

「蒙古のアルホラ大庫倫（タークーロン）に成吉思汗（ジンギスカン）の挙兵以後六百六十六年にして、ナンランオロスからイホエトミトボロハナ（大活神）がでてくるといふ予言があったが、ナンランオロスとは日出づる国といふ意味であり、またその活神（いきがみ）は五十四歳の人だと予言されていて、丁度私がそのとき五十四歳であったので、いよいよ、日出づる国から五十四歳のイホエトミトボロハナ（大活神）が来たという訳で、蒙古から大歓迎を受けたのであった。」

ここでいう「挙兵以後六百六十六年」後に現れた大活神とは、自分だと王仁三郎ははっきりと明言している。この挙兵したジンギスカンは蒼《あお》き狼と呼ばれ、チベット仏教が日本に入る以前はシャーマン的存在だった。王仁三郎も霊能者という点では、ジンギスカンと不思議な共通点がある。そして、後の章で触れるが、王仁三郎は『霊界物語』の中で、自分は偽物だと言っている理由について述べる。

そして、同じ文章の終わりでこうも締めくくっている。

「前にも述べた蒙古の六百六十六年後と曰ひ、またキリスト教でも六百六十六匹の獣というものがあるが、あれにはいろいろ深い謎が籠もっている。その一つには六六六という字に謎があるので、六はその字の形から見ても棟木と梁と柱に当たる。それが中央と両端にあれば家が建つのである。つまり人の住む家なり、人類の住む家としての宇宙なりが、完成する意味である。仏教でいうみろく（三六）の世が来るというのに相当するのである。」

六六六の数字はミロクを示すとはっきり記している。

そして、『伊都能売神諭』の中に次の内容が記されている。

この地上の始まりは、泥海で光も温かさもない世界であり、その泥の世界に身の丈は五百丈（百五十メートル）、太さは三百丈（九十メートル）もある蛇姿の荒神が住んでいたが、性格的に穏やかな神であり、これが後に五六七《みろく》の大神様となった。その姿はウロコも角もなく、体の色は青水晶のような立派な神であり、天地の元の祖神となった。この世界を創るために色々と苦心した。そのためにツキの大神とも呼ばれる。蛇体の姿で苦心して世界を創っているときに、角が十六本あり、その角の先から光の出ているもう一体の女の蛇体の姿の神に声を掛けた。

この次の場面から、五六七《みろく》の大神を六六六《みろく》の大神と神諭の中では、わざわざ表記を変えている。これこそ、九分九厘の仕組みの数字の九九を足して五六七の数字は六六六に変わるという点からみても、六六六の数字とは九分九厘の仕組みによって成り立っていることが分かる。


「その六六六の大神の言葉というのは、『この世界を創るために、どうか協力してくれないか』と、もう一体の蛇体に声を掛けると、その女の蛇体の神は、『わたしは女である業が深いので、とても協力できない』と一旦辞退した。

しかし、六六六の大神は説得によって、後に日の神となるこの女の蛇体の神は一つの約束で同意する。天地が完成したとき、六六六の大神の妻役としてください。」

この約束が地の高天原の竜宮館で交わされ、この世界が創られたという。しかも、この神諭の一節に面白い表現がある。

「世の元から申せばミロクは六六六なり、今の世の立直しのご用から申せばミロクは、五六七《みろく》と成るのであるから、六百六十六の守護は今までのミロクで、是からのミロクの御働きは五百六十七と成るのであるぞよ」

何やら一見、分かりにくそうな一節だが、九十九の数字にちなむ九分九厘の経綸が発動して、六六六《みろく》は初めて五六七《みろく》に変わると捉えた方が分かりやすい。

となると、六六六の大神の役目というのは、九分九厘の仕組みの発動によって、初めて五六七の大神に変わるというのが分かる。

また、艮の金神の型として、前述した徳川慶喜も実はこの数字を潜めている。隠居した慶喜が公爵の資格を明治政府から親授されたのが、慶喜六十六歳のとき、そしてその前年、巣鴨に居をかまえていた慶喜が移り住んだ場所が、小石川小日向第六天である。六の数字はこのように慶喜にも重なり合う。

そして、艮の金神の代理として、西郷隆盛と江戸城無血開城の会見の役を担った勝海舟の亡くなった日は、明治三十二年一月十九日、つまり王仁三郎の命日に当たる。「因縁生来の身魂の寄り合いで、面白いことを致すぞよ」とのお筆先のとおり、勝海舟も慶喜も艮の金神と深く関わっているとしか思えない。

では、米の仕組みである八八の数字とは何を意味していたのか気にかかる。

さて、『伊都能売神諭《いずのめしんゆ》』には、この世界がこのミロクの大神によって創造された天地を八頭八尾の巨蛇神が現れて、その天地を自由にしようと世界を乱したことが出てくる悪の目的が記されている。となると、この八八というのは悪の意味になってしまう。「米にも仕組みをしてあろうがな、八木にも仕組みをしてあろうがな」という一節は、八八の数字が悪神の数字を意味することについては先にも述べた。

そのとおり大本の綾部はかつて八木のヒサが大本をのっとろうとした。日本の型では、連合艦隊の八八艦隊を意味する。八八艦隊とは就艦数が戦艦八隻、巡洋戦艦八隻を海軍の主力として保有しようとした日本海軍建造計画上の艦隊の呼称であり、ワシントン条約の締結で、未完成の建艦は中止され、実際には呼称のみの艦隊となったが、海軍の主力部隊に「八八」の数字が秘められているのも日本の型としてみると分かりやすい。

では、九分九厘の仕組みとは何を意味するのか、これは、九九で九月九日の菊の節句のことで、菊の十六花弁にちなむ皇室を示しているという。

「辛《かのと》の酉の紀元節、四四十六の花の春、世の立替立直し、凡夫の耳も菊の年、九月八日のこの仕組」

これは『伊都能売神諭』の一節だが、これを旧九月八日の上島開き神業で、九九にちなむ数字が連続したことから、九月八日は実は九分九厘に相当することは前にも触れた。すると、この九月八日とは皇室の菊の紋章を示しているということになる。これが即ち明治政府の作り上げた帝国主義による神格化した天皇制の打破の仕組みである。明治憲法では、天皇が軍の統帥権、つまり実質上の権限を持つ最高の責任者であった。その軍を掌握する天皇制そのものの転覆が、九分九厘の仕組みである。

そして王仁三郎は「竹問答」（一般未公開）の神示の中で次のように示す。

「倒れる竹に齢を問へば『わしの一生は六十年実のなるときがこの世の終り。齢の六十年を逆さにすれば丁度今年が十六才、六十才迄には四四足らぬ。辛酉《かのととり》（大正十年）に名残を留めて枯れて行くのも時節時節神の摂理にゃ勝てはせぬ』尚倒れる竹に性来聞けば『ワシの上面は固うてキレイなれど中味は唐（空）魂よ。ならうことなら木に化けたいが、茲に木になりや木違者《きちがいもの》と人に笑はれ、又なぶられて化けの皮まではがれにやならぬ。いや終わりも時節時節神の審判にや勝てはせぬ。』」

一見不可解に思える文章だが、実はこの神示は、昭和天皇を示している。「十六才」とは、即ち十六花弁の菊の御紋を示し、大正十年が「四四足らぬ」の神武天皇即位以来、四十四回目の辛酉の年に当たる。そして、この年病弱な大正天皇に替わり後の昭和天皇が執務をとっている。お筆先にある「三十年で世の切替へを致すぞ。世は持ち切りに致さんぞよ」とあるように、現実に昭和天皇の即位を中心に仕組みは動いていることになっている。

○昭和天皇の型

三十年の仕組み	十年	大正十年（一九二一）十一月二十五日、大正天皇の代わりに裕仁執務代行（四四十六に当たる） ↓ 昭和六年（一九三一）九月十八日、満州事変勃発
	十年	↓ 昭和十六年（一九四一）十二月八日、太平洋戦争開始
	十年	↓ 昭和二十六年（一九五一）九月八日、サンフランシスコ条約締結（帝国主義崩壊）

「辛酉（大正十年）に名残を留めて枯れて行くのも時節時節神の摂理にゃ勝てはせぬ」とは、太平洋戦争の終結により統帥権を剥奪され、人間天皇

として生まれ変わる姿を意味している。

このようにみると、九分九厘の仕組みが明確に軍国主義としての天皇制打破を目論んでいたのが分かる。王仁三郎が保釈後、日本は武装解除になるのや、その型が世界の武装解除になるのやと言った意味は、この統帥権を持つ天皇制打破にあったことが、八八の仕組みと九分九厘の仕組みにあったことが明確になる。

では最後の審判とも呼ぶべきハルマゲドンの戦いで現れる六六六の数字を持つ龍に十の角と七つの頭があるとしたら、その龍とは何を意味するのだろうか。

九分九厘に相当する九九の数字と五六七の数字を加えると六六六の十の角の「十」とは縦と横の仕組みの数字を現し、七の頭とは、「七」で仕組みが成る数字を意味している。

まだまだ謎は尽きないが、ミロク菩薩出現に大災厄が伴うのは、『聖書』でいう獣の数字を持っているからであろう。果たして、『聖書』のドラゴンがミロク菩薩なのか、それとも別の代物なのかは分からない。ただ、キリスト教と最大の悪魔との対決になることは確かであろう。

王仁三郎が辻天水に、「大本弾圧はこの世の宗教を潰す型でもある」と述べ、「まず最初に仏教を潰す」と漏らしているが、戦後大本から分派した諸宗教が隆盛を極め、既成宗教としての仏教はそれらの新新宗教に押される形で徐々に後退している。また、大本第二次弾圧を強く働きかけたのは、ある仏教団体だとされている。金神の祟りを受けたかのように仏教勢力は戦後には後退する。釈迦の成道会の十二月八日は、つまり日米開戦により日本が米国に戦いをいどみ、逆に潰されたように仏教を潰す型を演じていたとした方が意味が通る。

これもまた、仏教を潰すための一つの型なのだろうか。そして、王仁三郎は最後まで残る宗教がキリスト教だと語る。そのキリスト教も潰すとしたら、まさに最後の審判として、神と獣の筆頭である龍との対決は、ミロク菩薩が日本に大立替えとしての太平洋戦争をもたらしたように、キリスト教あるいはキリスト教世界に洗礼をもたらすのだろうか。王仁三郎は宗教はすべて一つの真の神を信じるようになると述べているが、実際この世に存在する宗教が戦争を引き起こし、民族間の対立を招いている矛盾に対して、真のミロクの世は宗教の破壊によりもたらされるということになってしまう。そのため、わざわざマリア被昇天の日を終戦とし、大日本帝国が崩壊したのも、キリスト教の崩壊を型として示したのである。

キリスト教からみれば、破壊主としてのミロク菩薩の出現はまさに悪魔そのものであろう。既成宗教としての従来の宗教からの脱皮が、ミロクの世の到来を意味しているのか。ミロク菩薩の誕生とは自らが贖い主としての素盞鳴命の性格を持つ。キリスト教徒外典《がいてん》によると、一度、神に闘いを仕掛けた堕天使ルシファーは闘いに破れ、地に墜ちていく。このルシファーこそ一旦、高天原から追放された素盞鳴命と重ね合わせると、よく重なり合う。王仁三郎は宗教破壊とこの地上の立替え、立直しのために再び復活するとしか考えられない。

●裏金神王仁三郎の遺言状の謎

王仁三郎は政治家、床波竹次郎の弟の真広に渡した遺書の中で、謎の一節を残している。

「いま、大本にあらわれし、変性女子はニセモノじゃ、誠の女子があらはれて、やがて尻尾が見えるだろう。女子の身魂を立て直し、根本改造しなくては、誠の道は何時までもひらくよしなし。さればとて此れにまさりし候補者を、物色しても見当たらぬ。時節を待ちていたならば、何れあらはれ来るだろう。美濃か尾張の国の中、まことの女子が知れたなら、大本も駄目だろう。前途を見越して尻からげ、一足お先に参りましょ。皆さんあとからゆっくりと、目がさめたなら出てきなよ。盲千人のその中の、一人の目明きが気をつける。ああかむながら、かむながら、かなはんからたまらない、一人お先に左様なら」

これは『霊界物語』の中でも、「信天翁《あほうどり》」というタイトルで載っており、王仁三郎自身が本当の変性女子ではないというのである。この文章に刺激され、大本教から分派した教祖たちの独立の主張にもつながり、慌てた教団側はわざわざ王仁三郎の校正した訂正版を掲示している。その末尾には、「と思って慢心している阿呆ども」と結んでいるが、この「美濃か尾張の国の中、まことの女子が知れたなら、大本も駄目だろう。」という一節に刺激を受けた分派教団は、わざわざ美濃の国である岐阜県に本部を置くなど、この文章によって様々な思惑が飛び交った。

しかし、第二次弾圧直前、王仁三郎は裏の神業を託した辻天水に、天水が自分の土地一切を献上した三重県弧野郡の土地を、あの場所は大事な場所やからと、元のように天水の名義として返却する。そして、保釈後面会に行った天水に、王仁三郎自らナオ時代の大事な短冊の裏にわざわざ「之ある処、神業の中心地」と揮毫《きごう》して渡し、現在は『錦の宮』となったこの神業の地のご神体となっている。

この地で戦時中、戦後と天水達は様々な神業を繰り広げるのだが、残念ながら紙面の都合でまたの機会に触れるが、天水は神業上、七十歳を過ぎてから富美子女史と結婚式を挙げた。そして老齢の身のため、関係を結ぶことなく、二人の間に男子を授かる。七ヵ月という月満たぬ出産にもかかわらず健康優良児として誕生する。七ヵ月での出産と聞いて、ピンと来る人もいるだろう。つまり王仁三郎は七ヵ月の早産と偽り誕生しているのと符号する。まるで処女懐胎のイエスキリストの出産を思わせる話だが、この子が裏神業の先走りの型として、王仁三郎の誕生を意味するならば、この艮の金神の型である阪神大地震と坤の金神の型である台湾地震と結び合わせると、和合としての型から次のミロク菩薩がどこかで出現していることになる。

そして、『伊都能売神諭』の中で、ミロク菩薩に関して次のように触れている。

「法身の弥勒は既に天に昇りて、若姫君《わかひめぎみ》の守護致すなり、応身の弥勒は地に降りて泥に交わり、所在《あらゆる》艱難苦労を嘗《な》め、世界の為に千座《ちくら》の置戸を負いつつ、千挫不折百折不撓《ふとう》の金剛力を発揮しつつ、地の一方に現れて、神界経綸の大謨《たいもう》を遂行しつつあれども世俗の之を知るものは無く、常暗の夜の今の有様、今に夜が明けると、吃驚《びっくり》いたして、アンナものがコンナものに成ったのかと申して、世界の人民が舌を捲《ま》く如うに成る仕組であるぞよ。応身の弥勒が出現して、水晶世界を建設し、宇宙萬有一切安息致すときはそれが弥勒三会《さんえ》の暁であるぞよ。」

一見理解しにくいので、これを図にして整理しよう。

◎弥勒三会
法身弥勒…若姫君（開祖ナオ）
応身弥勒…王仁三郎
応身弥勒の子…法身の弥勒

昭和三年のミロク大祭では、ミロク三会として、ナオが法身弥勒、王仁三郎が応身弥勒、そして応身弥勒の子は、王仁三郎の長女直日と結婚し、義理の息子になった日出麿とされている。

なるほど、「吃驚《びっくり》いたして、アンナものがコンナものに成ったのかと申して、世界の人民が舌を捲く如うに成る仕組」のとおり、王仁三郎の霊的な仕組みによって原爆が誕生した経緯を見てみると、「舌を捲く如うに成る仕組」である。

しかし、実際にこの応身弥勒の子の法身弥勒、日出麿の登場によっても、水晶の世は来なかった。果たして、型としての先の錦の宮の神業で誕生した子のように、この応身弥勒の子である法身弥勒の誕生が、弥勒三会としての水晶の世界の幕開けなのであろうか。

そして次のような言葉を王仁三郎は残している。

「『霊界物語』第十巻の総説歌に『死神死仏を葬りて　最後の光は墓を蹴り　蘇らすは弥勒神天地根本改造の大光明　尽十方無疑光如来なり』とある。九分九厘で掌を返して救われたのである」

この総説歌の中に、九分九厘の仕組みが隠されているということになる。ちなみに、肝心の『霊界物語』第十巻の総説歌は次のように記している。

宗教学者の主張せる　　死神死仏をはうむりて
最後の光は墓を蹴り　　よみがえらすは五六七神
胎蔵されし天地の　　根本改造の大光明

尽十方無碍光如来《じんじっぽうむげにょらい》なり　菩提樹のもと聖者をば
起たしめるは暁の　天明ひらめく太白星

では、「菩提樹のもと聖者をば　起たしめるは暁の　天明ひらめく太白星」とは、何を意味するのであろうか。「菩提樹のもと聖者をば　起たしめるは」の聖者とは、ブッダ、つまり釈迦であり、釈迦が悟りを開いたのは、十二月八日とされている。この日大本は第二次弾圧を受けている。そして、王仁三郎が亡くなったのは昭和二十三年一月十九日である。しかるに、王仁三郎がおはぎを食べたいと言い、そのまま昏睡状態に陥ったのは前日の十八日、この日は旧の十二月八日である。

・昭和十年十二月八日、大本第二次弾圧
←
・昭和十六年十二月八日、太平洋戦争開始
←
・昭和二十三年一月十八日（旧十二月八日）、王仁三郎、意識不明（陰暦とは裏神業を暗示）
一月十九日（王仁三郎）昇天・昭和天皇崩御大喪の礼執行
平成元年二月二十四日（旧一月十九日）

ここで王仁三郎の役目は、十二月八日の大本弾圧に始まり、陰暦の十二月八日で幕を閉じすべての仕組みを終わらせることを示していた。そして、翌日一月十九日の昇天は、平成元年二月二十四日に執行された大喪の礼の日とは、旧暦では一月十九日、即ち王仁三郎の命日に相当する。王仁三郎の死はそのまま昭和天皇の死を型として演じていたのである。

つまり、十二月八日の仕組みは、昭和の時代の終焉を型として実演していることになる。

王仁三郎は戦前の日本の姿を、台湾は王冠で、九州は頭であり、本州は胴体であると述べているが、これこそは戦後、現人神昭和天皇が神聖を失い人間天皇となった姿を、日本領から台湾という宝冠を失った姿で予言していたことになる。

第二次世界大戦でのアメリカへの日本の参戦は、やはり昭和十六年十二月八日である。大本弾圧の丁度六年後の同月同日に勃発しているのをみても、この十二月八日には特別な意味があると思えてならない。だが、注意してほしいのは「最後の光は墓を蹴り　よみがえらすは五六七神」という一節である。これを文意のとおり読むと、ミロク菩薩は復活するのだろうか。

この謎を解くのが、王仁三郎が残した詠歌である。

「御経綸三千年に満ちぬるは　明治二十四年なりけり
昭和歴十八年の元旦は　五十年準備神業の満てる日にぞある
五十年地の準備神業を終え　十八年は第一年となれり
三千年と五十年にて切替の　準備は全く出来上がり

「昭和十八年未の年より三千年の　いよいよ仕組の幕は上れる」

明治二十四年から昭和十七年までが五十年の地の準備期間であるというが、ナオの神がかりが明治二十五年からであり、一年の空白があり、この一年が辻褄が合わない。しかし、この五十年という数字は実は王仁三郎には縁が深いのである。というのは、王仁三郎が高熊山で神秘的体験をするのが、明治三十一年（一八九八）であり、丁度五十年後の昭和二十三年（一九四八）に没している。

この五十年を一つの節目とすると、あの阪神大震災は終戦から丁度五十年後の平成七年（一九九五）に起こっている。そして、台湾大地震は王仁三郎昇天から五十一年後の平成十一年に発生している。

では五十年に一年の余分とは何を意味しているのだろうか。この一年の空白は、実は王仁三郎がナオ昇天後、教主に就任するが、丁度一年後、大本は女が嗣ぐのが本当だと言って、スミを教主にさせ、自らは教主輔になっている。すると経綸は一年ずらして考えると、坤の金神である王仁三郎が昇天後、丁度五十一年目に台湾地震が発生したとしてもその謎が解ける。そして、もう一つ付け加えよう。王仁三郎の昇天は昭和二十三年（一九四八）だが、この死から坤の金神が復活を遂げたように、イスラエル建国はこの年の五月十四日である。近隣諸国はこの建国に対して反発し、翌十五日に参戦し、第一次中東戦争となる。このとき建国したばかりのイスラエルは劣勢の武器のため敗北寸前まで追いつめられる。その九分九厘の瀬戸際で、逆に奇跡的勝利となった。世界の型では、エルサレムが坤の金神の出現となると先に触れたが、そのとおりイスラエルは聖地エルサレムを領して誕生したのである。

そして平成十一年の十一という数字に気付いただろうか。二つの数字をつなげると土という漢字が秘められているのだ。十は仕組みの成就であり、そして土とは次の始まりなのである。つまり、土という字は、十と一、つまり十一年目に土の仕組みが現れるのであり、それが五十と一年目という意味になる。

そして、平成十一年は西暦では、一九九九年である。九分九厘と一厘の数字が西暦の中にも秘められている。

また、天皇陛下は、この年の十二月二十三日、六十六歳の誕生日を迎えられた。ここにも先程の六六六の数字を連想させる。一九九九年七月ノストラダムスの予言の日、日本では昭和四十七年以来、五島勉氏の『ノストラダムスの予言』発刊以後二十七年間にわたりブームとなり、世間を騒がせたが、例の七月は、結局は何事も起こらず、それ故、ブーム熱は下火になった。ただ変わったことといえば、アジア東部からオーストラリア、太平洋、アメリカ西部にかけて満月の四割が欠ける月食が起こったぐらいであった。

そして、続いての八月十九日、惑星が十字に並ぶというグランドクロスが今世紀最大の天体ショーとしてピークを迎える。欧州からインドにかけての広い範囲で日食が起きた。とくに皆既日食となる地域が、フランスのストラスブール、ドイツのミュンヘン、ルーマニアのブカレストなどのヨーロッパの主要都市を通過した日食は、パリやウィーンでも九十九パーセント欠けた。九十九パーセントとは九分九厘の意味ではなかったのか。

太陽を月が覆い隠す大型皆既日食、日と月の結び、これこそ日であるナオと月である王仁三郎の縦と緯の結び、火と水の仕組みではないか。そして、このとき惑星はグランドクロス、つまり十字架の形の配列になった。大きな十字架が銀河系に浮き上がった。

大本弾圧は、そのまま型としての九分九厘として実演され、そして次の型の日本はその十字架を現すように二個の原爆により、十字架をかたどった。次の世界の型としてのこのグランドクロスが現れたのである。

九分九厘の仕組みが十字架の型として現れ、続いて一厘が現れる。ヨーロッパで繰り広げられた天体ショーは、

十字架の型

・月宮殿（大本の型、亀岡天恩郷）

↓

・信州皆神山御在所（十字型の山）原爆降下（日本の型）

↓

・一九九九年八月十九日（大型皆既日食・グランドクロス）

これからヨーロッパで実演される九分九厘を意味するのか、数字によるメッセージはこうして我々のもとに届けられた。王仁三郎は第二次弾圧から保釈後、かつて自らが現した予言詩『瑞能神歌』の「いよいよ初段と相成れば西伯利亜線《しべりあ》を花道」のシベリア線とは、シベリア鉄道のことではなく、アラスカ、シベリア、モスコーの線であり、昭和十六年十二月八日から、初段が開いたのであり、「天《あめ》の鳥舟《とりふね》天を覆《おお》ひ、東の空に舞ひ狂ひ、茲《ここ》に二段目幕が開く」と述べている。

つまり、今回の仕組みの幕では、天の鳥舟のB29の来襲で焦土と化す日本の姿を予言していたのであり、これが第一幕であったことになる。第二幕は余り悲惨であるので書かなかったとしているが、それでは日米開戦は単に第一幕にしか過ぎなかったのか、それとも原爆投下が、第二幕の地獄絵ということになるのであろうか、まだ謎は尽きない。だが、いま仕組みはいよいよ次の幕を開けたことには変わりない。

王仁三郎は台湾地震という形で復活の型を示したのであり、地球規模で繰り広げられる大災厄をミロク菩薩がまた素盞嗚命のように自ら一身に罪を背負い、贖い主として光臨することになる。一見大災厄の主としてのミロク菩薩ではあるが、また自ら我々人類の罪を自らが背負い、かつては最悪の地獄絵が繰り広げられる第二次世界大戦での日本は原爆を霊的に世に送り出し、結果的に最悪のシナリオを回避させたことからしても、我々の大災厄としての人類終末を回避してくれるとしか思われない。

そして、ヨハネの数字に相当する一二六は、実はもう一つのメッセージを添えている。現在の天皇は百二十五代目である。そして、今度の百二十六代目に即位する浩宮《ひろのみや》さまの時代に入ったとき、果たして王仁三郎の残した仕組みがまた始まるのだろうか。ただ、分かっていることは仕組みの幕が再び開かれたことだけだ。

●最後に結びとして

さて、戦後の一変した体制の中で起爆剤とも呼ぶべき存在は、放浪の民ユダヤ人によって建国されたイスラエル国家であろう。イスラエルは王仁三郎の昇天の後に建国され、「坤の金神」の型であるエルサレムに誕生した。ここに世界の型で「坤の金神」が復活した。その後の第一次中東戦争が九年に及んだのも九分九厘の型を示している。ユダヤ教の聖地でもあるイスラエルは、キリスト教、イスラム教の聖地でもあり、未だ宗教紛争の元凶とも呼ぶべき構図を戦後生み出す。

宗教の矛盾とも呼ぶべき紛争の火種が、戦後生まれたのである。宗教としての寛容性を持つか、それとも排他性としての闘争を取るか、その選択をせまるかのような事態が戦後生み出された。王仁三郎が辻天水に言った、「ミロクの世に宗教があってどないする。わしは宗教を潰す型を出す」との言葉のとおり、一歩間違うと宗教同士の殺し合いによる事態が、戦後生まれた。

王仁三郎は「今度はわしの言ったとおり、世界は動くのや」と言ったが、その意味では戦後構造は、艮の金神が宗教者たちに争いか和合かという選択をせまっているようにしか思えない。艮の金神はこのような事態を仕組み、宗教者に改心をせまっているようだ。

ナオの神がかりから僅か三年後にレントゲンによるエックス線が発見され、原子核の理論が唱えられ、湯川博士による中間子存在の予言、巻末に掲載している大本年表と原子核発見小史を比べて頂ければ分かるようにすべて大本の開教から大二次弾圧の間に集中している。つまり原爆の誕生も鬼門の金神が仕組んでいたとしたらどうだろうか。

使うに使えぬ兵器としての原爆の誕生は、人間に対して「祟り神」としての恐るべき威力を秘めた「裏金神」の出現ではないのか。飽くまでも人間たちに改心を迫り、戦争による滅亡か平和かの選択権を我々人類にせまっているとしか思えない。

鬼門の金神は我々の前に色々な形で出現し、身魂の改心をせまっている。今までのような闘争による世界を終わらせるために現れたのか、それとも人類自らが破滅に追いやられるのか、それを選ぶのは人類自身なのである。

王仁三郎の説くミロクの世としての地上の楽園は、消費経済から計画経済へ移行する。そして、都市という都市は飛騨高山のような高所に誕生し、人の住む家は身魂の上下によって粗塗りの壁、白壁の家と分けられ、そして刑務所はなくなり、違反したものは見せしめとして耳に耳飾りを付ける。

そして人は海中にも暮らせるようになる。金《かね》そのものは一定の額を貯めると、そのまま献金し、その献金の額によって位が上がっていく。軍備そのものも撤廃し、世界の国境はなくなり、人々は自由にかつての国と国の間をパスポートなしで往来するようになる。

夢物語のような話だが、そのような時代が果たして我々の生存中に誕生するのだろうか。すべては未来の時間の中にある。ただ言えることは、世界中の都市が山岳地帯に出来るというのは、異常に水位が上がるために海岸付近に集中していた現在の都市という都市はすべて水没することにしかならない。となると、その水はどこから発生するか。その答えは今のところ南極と北極の氷が溶けてしまうことでしかない。となると考えられることは、現在約二三度から二三度半傾いている地軸が垂直に戻ることになる。地軸が垂直になった地球は一定の太陽熱をどの場所でも受けることになり、年間を通じての極端な温度差が地域によって発生しなくなる。もっとも高度の高い地域はそれなりの温度差はあるだろうが、気候は温暖となりシベリアのような寒冷地帯は存在しなくなる。

そして、地球の人口は一定の数から増えもせず、減りもせず、人口増加による食糧不足の問題も解消される。これが王仁三郎の説くミロクの世としたら人類は一つの霊的な進化を遂げることをも意味する。

「米にも仕組みをしてあろうがな」の『伊都能売神諭』の一節は、米という字を当てた国、米国つまりアメリカを意味するとしたらどうだろうか。アメリカは世界の警察と自称するだけの軍事力を誇り、そしてその軍事力で世界を仕切っている。そして、矛盾極まりないのは、その軍事力を維持するために、世界各地に紛争もしくは軍事介入を行い、争いを自ら演出している点である。

大統領選挙の前になると、わざわざその時期を狙って軍事介入を行い、ユーゴ空爆もその背景で実施している。そして、古くなった兵器の処分もこういう軍事介入により大量に消費し、次の軍事予算もぬけめなく上議院に提出して認められているのが実態だ。

軍事力を誇るアメリカの国家体制は、そのまま複合的な軍事産業と切っても切り離せない関係を伴っている。この産業構造を維持するために、世界のどこかで常に紛争を起こし、それによって大量の武器を消費させる。このような構造が存在し続ける限り、真のミロクの世は到来しないのである。

艮の金神は、改心できぬ人たちにはノアの洪水のような現象を再び起こし、一旦は人類を破滅寸前にまで追い込むのだろう。しかし、残された人たちによって真の地上の楽園が到来するとしたら、決して悲観することもない。争いの元凶とも呼ぶべき旧体制を崩壊させ、地球に平和をもたらすとしたら、ミロク菩薩の出現は一歩一歩すべての体制をひっくり返し、本来の姿に立ち返らせるために必要な手段なのだ。

今や現在の経済界も、政治の世界も、あらゆる意味で一つの選択をせまられている。今までの常識が通用しなくなるほどに世界は大きく変貌し始めている。これも立替え、立直しとしての艮の金神の出現なのだろうか。

結局、開祖ナオによって始まった大本は、型を演出し続け大日本帝国の崩壊という型を出し続ける。型に始まり、型に終る宿命的な運命によって生まれた教団でしかなかった。だが、王仁三郎が大本に仕組んだ型がこれから三段目として世界に移行する。しかしそのためにはまだ仕組みの神業が残されているのかも知れない。従来の宗教団体と異なる宗教を模索した本来の大本には、我々が今後考えるべき宗教的価値とは何かを問いかけているようにしか思えない。

艮と坤の金神の出現による型の信仰というものを試論として述べてきたが、これを契機として、多くの人が神の経綸を受け止めてくれたら、筆者の読者への願いは伝えられたことになり、望外の幸せである。

あとがき

かつて私は、継承の道という神業団体の依頼で、『竜宮神示』に王仁三郎から裏神業という密命を帯びた辻天水翁の伝記を二年以上に亘り取材し、掲載させる形を取った。当時、私には作家という自覚よりは、一人の翁の生涯を書き上げるという使命感しかなかった。そのため、ペンネームすら載せることなく、無名のままでこの伝記は発表された。

当時、自費出版で六百部という限定された部数の中で、この本は様々な波紋を然るべき業界に投げかけ、多くの反応があった。

あれからもう五年以上の歳月が流れたが、私の次作の構想として前作を上回る形で、まとめ上げたのがこの作品である。

無論、沈黙の期間はそのまま次の作品をまとめ上げる準備段階であった。多くの巨人・王仁三郎ファンも感じているだろうと思うが、私も数多くの王仁三郎研究の書、大本研究の書を読んできたが、どうしても従来の王仁三郎像に謎が残り、ついに十数年も王仁三郎を追い続けてきた。その結果、やっと自分の納得する王仁三郎像に逢えたと実感している。この書は、この王仁三郎像に逢えるまでの考証をまとめ上げたもので、読者には少々長編でくどいかも知れないが、まだまだ王仁三郎は計り知れない仕組みを残していることを思うと、言葉や考証を尽くしても足りないと思うほどである。どうか、王仁三郎の実像にせまる旅についてきてほしい。読者の反響次第では、残り三部の作品が待機している。これらの作品をすべて読み終わった後、読者は神の経綸の全貌を改めて知ることになるだろう。

この作品を書き上げるにあたり、戦前から大本の裏神業にたずさわった某先生から多大な資料の提供があった。この先生の綿密な検証がなければ、この作品は完成できなかったであろう。その意味ではこの先生の従来の王仁三郎解釈を打ち破った功績は多大なものがある。この場を借りて厚く感謝申し上げる次第である。そして、この書が多くの神業者として人知れずご用を果たした先達の方々への鎮魂曲《レクイエム》となれば、幸いである。

なお、この中に登場する数字を調べると様々な謎が解け始めるが、それはこれからの研究家にゆだねていきたい。

筆者

主要参考文献

『霊界物語』校訂版（天声社）
『神霊界』八幡書店復刻版
『大地の母』出口和明（いづとみづ）
『大石凝真素美全集』全三巻（八幡書店）
『言霊秘書』（八幡書店）
『出口ナオと出口王仁三郎の予言・確信』出口和明（ひかり書房）
『巨人出口王仁三郎』出口京太郎（講談社）
『新月のかけ』木庭次守編（タニワ文化研究所）
『大本七十年史』大本七十年史編纂会（宗教法人大本）
『出口ナオ』安丸重雄（朝日新聞社）
『出口王仁三郎全集』（万有社）
『水鏡』出口王仁三郎（天声社）
『月鏡』出口王仁三郎（天声社）
『玉鏡』出口王仁三郎（天声社）
『大本神諭』火の巻、天の巻（平凡社）

『古事記大講』水谷清　全三十巻（八幡書店）
『宮地神仙道叢書』全二巻（山雅房）
『龍宮神示』「継承の道」西郷武士
『神示の世界経綸書』皇道赤心会編著、言霊社扱
『霊界からの警告』武田崇元（光文社カッパブックス）
『出口王仁三郎・三千世界大改造の真相』中矢伸一（KKベストセラーズ）
『出口王仁三郎・大本裏神業の真相』中矢伸一（KKベストセラーズ）
『現代物理学小辞典』小野周監修（講談社ブルーバックス）
『原子爆弾　その理論と歴史』小田克哉著（講談社ブルーバックス）
『九鬼文書の研究』三浦一郎（八幡書店）
『弥勒下生　出口王仁三郎』（あいぜん出版）
『オニサブロウー・ウーピーの生涯』明治編、十和田龍著（新評論）
『出口王仁三郎・救世の賦』泉田瑞顕（心交社）
『天皇の伝説』（メディアワークス）
『スサノオと出口王仁三郎』出口和明（八幡書店）
『予言と神話』霊界物語研究会編（八幡書店）

『徳川慶喜　増補版』松浦　玲（中公新書）
『神の世界の御話』矢野祐太郎謹述（神政護持龍神会）
『神政龍神会資料集成』（八幡書店）
『入蒙秘話・出口清吉と王文泰』出口和明（いづとみづ）
『元伊勢の秘宝と国宝海部氏系図』（元伊勢籠神社社務所発行）
『元初の最高神と大和朝廷の元始』海部穀定（桜楓社）
月刊『ムー』百三号（学習研究社）
「週刊文春」（文藝春秋）掲載の「神々の乱心」松本清張
　歴史背景は平凡社百科事典を参照しました。
※未掲載資料に関しては某先生の『経綸解』の資料を参照させていただきました。

年号（　）＝旧暦	西暦	大本年表	日本・世界年表
天保7年（12・16）	一八三六	開祖出口ナオ誕生（新暦一八三七・1・22）	
明治元年（9・8）	一八六八	年号を明治に改元、明治帝政の始まり（植民地政策のわれよしの世）	
4年（7・12）	一八七一	聖師出口王仁三郎（旧名上田喜三郎）誕生（新暦一八七一・8・22）	
25年 2・3（1・5）	一八九二	ナオ神がかかり　艮金神（大本開教）	
26年（5）	一八九三	ナオ　日清戦争の予言	
27年 6・11（5・8）	一八九四	ナオの唐行き　福島ヒサ宅へ30日間	日本、東学党の乱に派兵 8・1　日清戦争勃発
31年 3・1（2・9）	一八九八	王仁三郎　高熊山神業	
10・8（8・23）		王仁三郎　ナオと対面	
32年 7・10	一八九九	金明会発足（九曜紋→十曜紋の経綸）	
33年 1・1	一九〇〇	王仁三郎・スミ結婚　金明霊会	
7・4（6・8）		冠島開き（竜宮乙姫を迎える）	
8・2（7・8）		冠島・沓島開き　艮金神を迎える 喜三郎→鬼三郎	

年号（ ）＝旧暦	西暦	大本年表	日本・世界年表
9・1（8・8）		鞍馬山神業（悪の改心の仕組み）	
34年 4・26（3・8）	一九〇一	大江山の元伊勢水のご用　水を要所にまく→出火騒ぎ（金明水・銀明水）	
7・1（5・16）		出雲火のご用　土散布　68人でイロハの仕組み 王仁三郎「仕組みは一段落した」	
10・19（9・8）		ナオ　弥仙山籠もり（岩戸閉まる） ナオと王仁三郎の対立＝世界と日本の戦いのひな型	
35年 3・7	一九〇二	直日（後の三代教主）誕生	1月　日英同盟締結
36年 5・24	一九〇三	弥仙山参り→日の出の世の仕組み　鬼三郎→王仁三郎 灯明と水行で「火水」の結びを行う 王仁三郎とナオの和合＝天照とスサノオの和合の仕組み 王仁三郎　小松林→坤金神（岩戸開く）	
37年	一九〇四		2月　日露戦争勃発
38年 5・14	一九〇五	ナオ　女島（沓島）籠もり20日を10日で切り上げ 艮（とどめ）のご用	5・24　秋山中佐の霊視 バルチック艦隊に大勝利 9・5　ポーツマス条約
39年 9・10	一九〇六	王仁三郎皇典講究所に入学（38・3・28綾部を出る）	
41年	一九〇八	王仁三郎帰綾　金明霊学会→大日本修斉会	
44年 1・3	一九一一	王仁三郎　出雲大社教訪問	
45年 大正	一九一二	伊勢参拝	

2年		一九一三	『大本教教則』発表（大本の名を初めて用いる）	
3年	8・8	一九一四	金竜海の開堀始まる	第一次世界大戦勃発
	11・16		金竜海に水が注がれる	
5年	6・25	一九一六	上島（神島）開き	
	9・8		上島（神島）開き	
7年		一九一八	『瑞能神歌』発表	
	7・5		ナオ　お筆先止まる	
	8・18		王仁三郎　床しばりの行	
	11・6		ナオ　昇天　満81歳（数え83歳）	第一次世界大戦終結
8年		一九一九	亀岡　天恩郷建立	
9年		一九二〇	大正日日新聞買収	
10年		一九二一	大本一次弾圧　梅田にて	
	10・18		『霊界物語』口述開始	
12年		一九二三	ミロク菩薩と対面	9・1　関東大震災
	11・3		紅卍字会と提携	
13年	2・13	一九二四	入蒙	
			『霊界物語』完結	
	11・1		一時十一分　保釈	
昭和2年		一九二七	大本無罪〈大正天皇崩御による恩赦〉	
3年	2・1	一九二八	直日・日出麿　結婚	
	3・3		ミロク大祭　王仁三郎56歳7ヵ月	
	8・26		芦別山開き（王仁三郎58歳誕生日）	

年号（　）＝旧暦	西暦	大本年表	日本・世界年表
4年	一九二九	朝鮮・満州・日本全国巡教	
5年　正月	一九三〇	台湾巡教	
5・5		扉開きの神業	
6年　9・8	一九三一	本宮山に三本の歌碑を建てる　10日後↓	9・18　満州事変
8年　10・4	一九三三	『天祥地瑞』口述開始	3・1　満州国建国宣言
			3・28　日本　国際連盟脱退
9年	一九三四	『天祥地瑞』完結	
7・22		昭和神聖界発会	
9・21		ミロク菩薩代理参拝	室戸台風
			湯川秀樹　中間子論発表
10年　12・8	一九三五	大本第二次弾圧　宍道《しんじ》湖にある松江別院にて王仁三郎逮捕	
11年　4・18	一九三六	聖地接収	
12年	一九三七		7・7　日華事変
13年	一九三八	王仁三郎66歳	
16年	一九四一		12・8　アメリカ参戦
17年　7	一九四二	大本無罪	4・18　本土空襲
8・7		王仁三郎仮釈放　6年8ヵ月	アメリカ　ガダルカナル上陸
		王仁三郎言「仕組みは成った。これでご用納めや」	
		王仁三郎の出た日から日本は負け始め	
		王仁三郎　陶器作りを始める	
20年　8・15	一九四五	無条件降伏（終戦）　明治元年から77年後（王仁三郎の型）	8・6　広島原爆　8・9　長崎原爆
9・8		大本無罪判決	ポツダム宣言受諾

原子核発見小史

1869	元素の周期律表	メンデレーエフ
1895	X線の発見	レントゲン
1896	放射能の発見	ベクレル
1897	電子の発見	トムソン
1911	原子核の発見	ラザフォード
1913	原子有核模型の確立	ボーア
1932	中性子の発見	チャドウィック
1935	中間子論	湯川秀樹

（講談社『現代物理学小事典』小野周監修　から転載）

21年	一九四六	王仁三郎　大本の再建を支援しつつ、脳溢血で倒れる	
23年1・19	一九四八	王仁三郎　昇天	
26年9・8	一九五一	サンフランシスコ条約　日本民主国家として独立　明治元年から83年後（ナオの型）	
平成			
11年8・19	一九九九		グランドクロス（惑星十字直列）
12年	二〇〇〇	（大本開教百八年）→三六×三＝一〇八　煩悩の数字	ミレニアム（千年紀）現象　↓一つの時代の終わり

著者プロフィール

西郷　武士（さいごう　たけし）

国学院大学文学部神道学科卒業。

本書を皮切りに精力的な執筆活動に入る。

裏金神—原爆をこの世に送り出した神—

2001年2月15日　初版第1刷発行

著　者　西郷武士

発行者　瓜谷綱延

発行所　株式会社文芸社

〒112-0004　東京都文京区後楽2-23-12

電話　03-3814-1177（代表）

03-3814-2455（営業）

郵便振替　00190-8-728265

印刷所　株式会社フクイン

乱丁・落丁本はお取り替えいたします。

ISBN 4-8355-1045-3 C0095